DIVÓRCIO, HERANÇA E PARTILHA

IVA CARLA VIEIRA
ADVOGADA

ANGELINA BARBOSA LEÃO
NOTÁRIA

DIVÓRCIO, HERANÇA E PARTILHA

Guia Prático

2.ª edição
(Revista e actualizada segundo o C.I.M.I. e o C.I.M.T.)

Divórcio
Divórcio na Conservatória do Registo Civil
Inventário Judicial
Habilitações
Testamentos
Partilha extrajudicial por divórcio e separação
Partilha extrajudicial por morte
Minutas

ALMEDINA

DIVÓRCIO, HERANÇA E PARTILHA

AUTORES
IVA CARLA VIEIRA
ANGELINA BARBOSA LEÃO

EDITOR
EDIÇÕES ALMEDINA, SA
Rua da Estrela, n.º 6
3000-161 Coimbra
Tel.: 239 851 904
Fax: 239 851 901
www.almedina.net
editora@almedina.net

EXECUÇÃO GRÁFICA
G.C. – GRÁFICA DE COIMBRA, LDA.
Palheira – Assafarge
3001-453 Coimbra
producao@graficadecoimbra.pt

MARÇO, 2005

DEPÓSITO LEGAL
223171/05

Toda a reprodução desta obra, por fotocópia ou outro qualquer processo,
sem prévia autorização escrita do Editor,
é ilícita e passível de procedimento judicial contra o infractor.

PLANO DA OBRA

PARTE I

Conceito e modalidades da partilha

PARTE II

Da partilha judicial

PARTE III

Da partilha extrajudicial

PREFÁCIO

É natural e até inevitável que um profissional, seja qual for a área da sua intervenção e depois de muitos anos de trabalho, tenha a tentação de partilhar com os outros as suas vivências e preocupações.

Foi o que aconteceu connosco. Por isso, atrevemo-nos a lançar para estas páginas as nossas experiências conjugadas.
A obra que apresentamos é despida de pretensões porque estamos cientes de que as matérias versadas, para além de imensas, abrangem um leque muito variado de situações reais que nos passam pelas mãos.

Contudo, é este o nosso quotidiano. Que nos ensinou, também, que a via da consensualidade vale a pena.

Daí, a tónica que pusemos no divórcio por mútuo consentimento, na partilha extrajudicial e nos modelos que reforçam as soluções amigáveis e conciliatórias que permitem às partes retirar maiores vantagens em todos os planos. Sempre que as partes convergem num ponto qualquer dos seus caminhos ganham a certeza de que foram poupadas a muitos incómodos, tempo e dinheiro.

Foi nossa intenção utilizar uma linguagem facilmente perceptível e ilustrá-la com o recurso a exemplos práticos que são fruto da nossa experiência.

Desejamos, com a nossa simplicidade, ter podido contribuir para o oceano de todas as publicações jurídicas, com um ponto de vista de quem trabalha com esta matéria há muitos anos.

Sem tergiversar, há pequenas coisas que, na feitura deste livro, nos lembraram a "Guerra das Rosas", aquele filme em que uma incompatibilidade sanável redundou num conflito sem tréguas.

Porto, 13 de Janeiro de 2003

PARTE I
CONCEITO E MODALIDADES DA PARTILHA

1. PARA UM CONCEITO DE PARTILHA

Não existe, em sede de preceito normativo ou de regra jurídica objectivada uma noção expressa, clara e definida do que seja uma partilha. Não obstante, podemos afirmar que não há ninguém que não tenha um entendimento, por mais empírico ou vago que seja, do que é e em que consiste a partilha.

Basta uma boa dose de senso comum e a prática costumeira vigente para se concluir que, quando se fala em partilhas, estamos perante um fenómeno de dividir ou de "partir" o acervo de bens ou o património de alguém, para o "repartir" por um conjunto de pessoas interessadas nessa mesma repartição ou divisão.

Este será, porventura, o conceito que mais se aproxima da ideia de partilha. De resto, quem vive familiarizado com patrimónios vastos não descura a importância de que se reveste uma partilha, quer enquanto titular dessa esfera patrimonial, quer na qualidade de um futuro e presumido herdeiro.

Assim, é inegável a relevância da partilha como facto ou acto que viabiliza a "distribuição" ou a "divisão" de um património que, por esta via, sai da titularidade jurídica de uma determinada pessoa para integrar a esfera patrimonial de uma outra ou de uma vasta categoria de pessoas.

Como dissemos, qualquer cidadão que consulte o Código Civil, no intuito de neste encontrar uma noção ou definição de partilha, verá o seu esforço inutilizado, porquanto só disporá de noções relativas ao "Direito de exigir partilha", à "Forma", à "Colação", aos "Efeitos da partilha" e à "Impugnação da partilha" (art.s 2101.º e ss. do Código Civil).

O mesmo se diga quanto ao Código de Processo Civil. Neste diploma, e a propósito do Inventário e de toda a sua tramitação processual, deparamos com o art. 1373.º que prevê o "Despacho sobre a forma da partilha".

Reza este citado artigo: *"Cumprido o que fica disposto nos artigos anteriores, são ouvidos sobre a forma da partilha os advogados dos interessados e o Ministério Público, nos termos aplicáveis do artigo 1348.º."* Ora, o que ficou para trás, *grosso modo*, foi uma série de actos realizados no âmbito da tramitação do processo de Inventário, dos quais daremos breve nota a propósito da partilha judicial.

O que está em questão, no citado artigo, é a fase a que se chegou no processo de Inventário e que se relaciona com a possibilidade de ser proferido *"despacho determinativo do modo como deve ser organizada a partilha"*.

Pode ainda asseverar-se que esta é tida como uma fase nevrálgica do processo, aquela onde terão de ser aplicados os conhecimentos mais amplos, complexos e aprofundados sobre as relações jurídico-familiares, os regimes de bens que vigoraram na constância do casamento, a matéria sucessória, a validade dos testamentos, as liberalidades inoficiosas, ou não, e toda uma panóplia de outras questões que, a não serem líquidadas *ex ante* à organização do mapa da partilha, poderão ocasionar a suspensão da instância, por forma a serem resolvidas, nos meios comuns, as ditas questões prejudiciais, tendo em vista a correcta, rigorosa e imparcial "forma" da partilha.

Todavia, e pese embora o extenso articulado inserto no Código de Processo Civil aplicável ao Inventário, quedamo-nos, ainda e

Parte I – Conceito e Modalidades da Partilha 13

tão só, por uma factualidade que é gerada pela morte de uma determinada pessoa, titular de um património específico, a que vulgarmente se chama de herança.

Donde, há que prosseguir na senda de uma definição ou, na impossibilidade prática de lá chegar, de um conceito mais fiel e aproximado da partilha.

De entre as noções mais correntes e pragmáticas, releva a que define a partilha como *"a divisão entre várias pessoas de uma coisa ou de uma universalidade que, anteriormente, se encontrava em contitularidade indivisa"*.

Podemos concluir que, não obstante inexistir uma noção legal expressa ou um conceito explícito e perfeitamente desenhado, em termos jurídico-positivos, do que é a partilha, a verdade é que esta se encontra subentendida em todo o Livro V do Código Civil Português.

Este Livro, e de acordo com a sistematização do nosso Código Civil, diz respeito ao Direito das Sucessões e, como preceitua o art. 2024.º, *"Diz-se sucessão o chamamento de uma ou mais pessoas à titularidade das relações jurídicas patrimoniais de uma pessoa falecida e a consequente devolução dos bens que a esta pertenciam"*.

Se ficássemos por aqui, fácil seria concluir que a partilha é um acto que se pratica por causa de um fenómeno sucessório, ou mais precisamente, em virtude da morte de alguém.

O que não corresponde à verdade dos factos. Como veremos mais adiante, a partilha aplica-se a diversas situações, designadamente àquelas que não têm na sua fonte a abertura de uma herança.

É o que acontece com a partilha subsequente ao divórcio – dissolução da comunhão conjugal – ou mesmo a divisão ou partilha do património de uma sociedade, como consequência da sua dissolução.

Assim, e à luz da actual disciplina normativa, parece que mesmo o património de uma pessoa viva pode ser partilhado pelos seus presuntivos herdeiros, tendo como suporte uma doação prévia dos bens que constituem o património do doador.

Nesta esteira, o n.º 1 do art. 2029.º do C.C. vem permitir a partilha em vida da totalidade ou de parte dos bens do doador, entre todos ou alguns dos seus presumidos herdeiros, com ou sem reserva de usufruto, desde que se verifique o consentimento dos demais presumidos herdeiros. Para que não restem dúvidas, é a própria lei que qualifica este contrato como não sucessório.

Sem prejuízo, dispõe o n.º 2 do mesmo preceito que, no caso de aparecerem herdeiros legitimários supervenientes ou que se tornem conhecidos posteriormente à doação, haverá que compor, com dinheiro, a parte ou a quota que lhes pertenceria no património do doador.

Em síntese: a partilha não é acto reservado aos fenómenos desencadeados pela morte de um indivíduo titular de um determinado património, podendo, bem pelo contrário, consistir em simples divisão de um património pertencente a pessoas vivas e por estas praticado.

Assim, e pese embora o facto de não encontrarmos no corpo da lei a definição explícita e precisa da partilha, não subsistem dúvidas de que é sempre possível alcançarmos o seu significado, bem como distinguirmos as modalidades ou as formas que ela pode revestir.

2. MODALIDADES DA PARTILHA

A partilha pode fazer-se por via judicial ou através de uma escritura notarial, ou seja, extrajudicialmente.

Destas modalidades iremos tratar em separado, dando sempre maior ênfase à partilha exarada por instrumento notarial, posto que é desiderato desta obra desenvolver nos leitores a apetência pela solução pacífica, célere e segura de todas as questões suscitadas aquando da partilha de um património, sejam quais forem as circunstâncias que desencadearam o fenómeno desta divisão patrimonial.

PARTE II
DA PARTILHA JUDICIAL

3. DA PARTILHA JUDICIAL

A partilha pode praticar-se por via judicial ou por acordo – a via extrajudicial – sendo que a primeira modalidade tem lugar sempre que os interessados não se entendam entre si, caso em que deverão recorrer aos Tribunais e aí instaurar competente processo de Inventário.

Dispõe o n.º 2 do art. 2102.º do C.C. que **pode ainda haver lugar a Inventário Judicial quando o Ministério Público o requeira**, por entender que *"o interesse do incapaz a quem a herança é deferida implica aceitação beneficiária, e ainda nos casos em que algum dos herdeiros não possa, por motivo de ausência em parte incerta ou de incapacidade de facto permanente, outorgar em partilha extrajudicial"*.

Sem prejuízo do atrás alegado, o **recurso à via judicial tanto pode ocorrer no caso da partilha por morte**, como quando esta se processa **subsequentemente à dissolução da comunhão conjuga**l, ou mesmo **no âmbito do direito comercial** (v.g. quando uma sociedade se dissolve e não há entendimento entre os sócios quanto à partilha do património da sociedade dissolvida).

Este entendimento encontra-se consagrado no texto normativo, quando se dispõe, no n.º 1 do art. 1326.º do C.P.C., que o Inventário tem como função *"pôr termo à comunhão hereditária ou, não carecendo de realizar-se partilha judicial, a relacionar os bens que constituem objecto de sucessão e a servir de base à eventual liquidação da herança"*. Mais estabelece o seu n.º 3 que o Inventário pode ter ainda por objecto a *"partilha consequente à extinção da comunhão de bens entre os cônjuges"*.

Refira-se, desde já, que o legislador acabou com a velha distinção entre Inventário Obrigatório e Inventário Facultativo. Com efeito, da redacção anterior do art. 2053.º e do n.º 2 do art. 2102.º, ambos do C.C., resultava haver lugar a Inventário Obrigatório sempre que a herança fosse deferida a menor, interdito, inabilitado, ausente em parte incerta, insolvente, falido ou pessoa colectiva que não fosse uma sociedade comercial.

Como atrás foi dito, e com exclusão de todas as situações em que não seja alcançado acordo entre todos os interessados na partilha, o recurso à via judicial far-se-á, na actualidade, no âmbito dos poderes-deveres dos Magistrados do Ministério Público e nos termos do já citado n.º 2 do art. 2102.º.

Cabe agora ao Ministério Público a faculdade de, em face da situação concreta, **promover, ou não, a instauração de um Inventário, sendo que o deverá fazer quando os herdeiros se encontrem ausentes em parte incerta** ou sejam portadores de uma **incapacidade permanente e não se encontrem devida e legalmente representados**.

Nestes casos, a aceitação beneficiária da herança acautelará de modo efectivo os interesses desse ausente ou incapaz, como acontece com os menores, mesmo que emancipados por força do casamento, os nascituros, os concepturos, os declarados judicialmente interditos ou inabilitados e todos os demais portadores de anomalias psíquicas, ainda que não se encontrem judicialmente reconhecidas e declaradas, as pessoas colectivas sem escopo lucrativo, os ausentes em parte incerta e os falidos.

Com a alteração que foi introduzida pelo Dec.-Lei n.º 227/94, de 8 de Setembro, pôs-se de lado a natureza imperativa e obriga-

Parte II – Da Partilha Judicial 21

tória do Inventário, no caso da herança ser deferida a incapazes ou ausentes, sendo certo que para que a partilha, nestes casos, possa ser operada por via extrajudicial torna-se necessário que os representantes legais do menor ou o tutor se encontrem prévia e devidamente autorizados para tanto, pelo Tribunal.

Nesta esteira, os art.s 1889.º e 1938.º, ambos do C.C., elencam os actos dos representantes legais, cuja validade depende de autorização judicial.

Tendo em apreço a temática desta obra, salientamos apenas algumas alíneas do n.º 1 do art. 1889.º que se referem aos actos que podem ser praticados pelos pais dos menores sob prévia autorização judicial, a saber:

j) *Repudiar herança ou legado;*

l) *Aceitar herança, doação ou legado com encargos, ou convencionar partilha extrajudicial;*

n) *Convencionar ou requerer em juízo a divisão de coisa comum ou a liquidação e partilha de patrimónios sociais;*

Quanto aos **actos a praticar pelo tutor**, como representante do pupilo, estabelece a al. a) do n.º 1 do art. 1939.º do C.C. que carecem de prévia autorização judicial todos os actos mencionados no n.º 1 do art. 1889.º, remetendo, assim, para o seu articulado o elenco desses mesmos actos, dos quais, e pelas mesmas razões atrás aduzidas, relevam os constantes das alíneas j, l) e n), acima transcritas.

No caso de haver apenas **um único interessado**, o Inventário a que haja lugar terá apenas por objecto relacionar os bens e, eventualmente, servir de base à liquidação da herança (Art. 2103.º do C.C.).

Todas estas entidades são eventual e directamente interessadas numa partilha mas não dispõem de capacidade de exercício dos seus direitos, mormente para intervir autonomamente numa partilha extrajudicial, donde se configure como adequado que, nestes indicados casos, o Ministério Público intervenha e promova o Inventário ou autorize, v.g. no caso dos menores, que os seus representantes legais promovam a partilha extrajudicial.

Como processo especial que é, o Inventário pressupõe um conjunto de formalismos e de passos tendentes à divisão dos bens ou do património do inventariado, por todos os interessados. Trata-se, consequentemente, de um processo que, podendo ser simplificado, corre o risco de converter-se em algo de muito complexo e moroso, desde logo quando são suscitadas questões prejudiciais que tolhem a admissibilidade do próprio processo e condicionam os direitos subjectivos dos intervenientes.

Por uma pluralidade de motivos, um processo de Inventário pode ser literalmente "atravessado" por uma série de incidentes que suspendem a instância, até que sejam definitivamente apreciados e resolvidos, bem como "enxertado" por outros "processos-satélite" que gravitam em redor do principal, adensando-o e arrastando no tempo as soluções que, não raramente, chegam tarde e a descontento de todos os interessados.

Abstraindo-nos, porém, deste mar imenso de questões, poder-se-á dizer, de modo sucinto, que um Inventário começa com o requerimento previsto pelo n.º 1 do art. 1338.º do C.P.C., ao qual deverá ser junto documento comprovativo do óbito do autor da herança, bem como designada a pessoa a quem incumbe exercer o cargo de cabeça de casal, nos termos da lei civil.

O cabeçalato releva neste tipo de processo já que, se por um lado pertence ao cabeça de casal administrar a herança, até que ela seja liquidada e partilhada, por outro lado, a pessoa indicada está vinculada ao cumprimento rigoroso de uma verdadeira missão.

Parte II – Da Partilha Judicial 23

Assim, prevê a lei que esta possa ser substituída por outrém ou até removida do exercício do cargo (n.º 3 do art. 1339.º do C.P.C.). Casos há ainda em que ao cabeça de casal é de todo inviável exercer as suas funções por não reunir as condições práticas para tanto, designadamente, por desconhecer os bens que integram o património do *de cujus,* por nunca ter privado com este e outras situações excepcionais, que bem podem fundamentar o seu pedido de escusa do cargo (n.º 3 do mesmo preceito legal).

Além desta partilha judicial a que há lugar por morte, refira--se a **partilha de bens em alguns casos especiais**, tal como vem regulada nos art.s 1404.º e ss. do C.P.C.

Trata-se, aqui, do inventário requerido por qualquer uma das partes, para partilhar os bens comuns do casal dissolvido por divórcio, ou que se encontre separado judicialmente de pessoas e bens ou cujo casamento tenha sido declarado nulo ou anulado.

Este processo de inventário corre por apenso ao processo principal, o de divórcio ou outro acima indicado. Como a própria expressão evidencia, é um processo com as suas especialidades e que se pretende expedito mas ao qual se aplica os termos prescritos para o processo de inventário, regulado pelos art.s 1326.º e ss. do C.P.C..

Aqui, as funções de cabeça-de-casal cabem ao cônjuge mais velho (n.º 2 do art. 1404.º do C.P.C.) que tem de as cumprir na estrita observância dos deveres que lhe são legalmente impostos.

Em todo o caso, o cabeça de casal, como figura de proa em todo o processo, presta juramento e compromete-se a bem desempenhar a sua função e, doravante, deverá cooperar activa e estreitamente com o Tribunal, em ordem a carrear para aquele todos os documentos necessários à averiguação da real vontade do autor da herança, de quem são os herdeiros, devendo apresentar **a relação**

dos bens e respectivos valores, entre outros muitos aspectos que interferem com o normal andamento do processo.

Contudo, pode acontecer que haja quem não tenha pejo em sonegar bens na relação que apresenta, com o intuito de os subtrair a uma futura partilha, facto que, por si só, traduz a mais grosseira violação dos deveres elementares do cabeçalato e não deixará de provocar a reacção dos outros interessados, que podem deduzir oposição ou reclamação.

A referida sonegação ou outras incorrecções são, frequentemente, o fruto de uma postura de quem está num Inventário com o *animus* de se apropriar, na máxima medida do possível, de bens do inventariado, em detrimento de outros herdeiros e interessados a quem os primeiros não reconhecem legitimidade para estarem no processo. Assim, vai-se assistindo a uma progressão feita à custa de oposições e impugnações várias que chegam a assemelhar uma autêntica "chicana" processual que, indesejavelmente, pode ficar impune, pese embora o estatuído no n.º 4 do art. 1349.º do C.P.C., ou seja as sanções civis previstas para este tipo de conduta.

Como se disse, uma vez apresentada a relação de bens, são os interessados notificados para **reclamar contra a mesma**, acusando a falta dos que deveriam ter sido relacionados, requerendo a exclusão de outros que foram indevidamente incluídos ou invocando, ainda, qualquer inexactidão na descrição dos bens que possa influenciar a futura partilha.

Em qualquer das circunstâncias, a tomada de posição ocasionará um incidente processual, entre outros que se perfilam no Inventário.

Presumindo-se que todas as questões eventualmente invocadas ficaram resolvidas, prossegue o Inventário com **a conferência de interessados**, a que se referem os art.s 1352.º e ss do C.P.C..

Parte II – Da Partilha Judicial 25

Esta diligência que se vocaciona, hoje, para a obtenção do acordo unânime dos interessados permite a composição dos quinhões hereditários pelos modos seguintes:

- A designação das verbas que hão-de compor, no todo ou em parte, cada um dos quinhões, bem como o valor pelo qual devem ser adjudicados;
- A indicação das verbas ou lotes, e respectivos valores, que serão, no todo ou em parte, objecto de sorteio pelos interessados;
- O acordo quanto à venda total ou parcial dos bens da herança e quanto à distribuição do produto dessa venda pelos interessados.

A licitação entre os interessados é, na actualidade, um formalismo que se impõe unicamente quando não tenha sido obtido o acordo unânime, e pela forma atrás descrita, quanto à composição dos quinhões. Também é afastada sempre que seja admitida avaliação sobre determinados bens da herança, nos termos do art. 1364.º do C.P.C..

Coisas indivisíveis, bens fungíveis ou títulos de crédito, coisas que, por força da lei ou do contrato, não possam ser licitadas e bens que tenham sido doados ou legados integram esta categoria de bens em relação aos quais se admite a hipótese de uma avaliação, por forma a não prejudicar o comproprietário ou o consorte que, de outra forma, sairia notoriamente prejudicado com a licitação.

Finalmente, dá-se forma à partilha, seguida de despacho determinativo da mesma. Neste, o Juiz decidirá de todas as questões que não tenham sido ainda resolvidas, v.g., a validade substancial ou formal de documentos relevantes, a redução de doações, entre outras cuja complexidade não justifique produção de prova mais detalhada ou remessa para os meios comuns, como pode ser o caso da usucapião.

Para a **organização do mapa da partilha**, há que aplicar com extrema cautela todo o direito substantivo vigente ao tempo da abertura do fenómeno sucessório, a fim de se apurar das classes de sucessíveis e respectivas quotas, o regime de bens que vigorou na constância de um casamento dissolvido por morte, para se calcular o acervo hereditário, determinar os vínculos de parentesco, filiação e adopção entre o finado e os interessados na partilha, analisar todos os títulos de vocação sucessória em vigor, a validade dos negócios e dos contratos celebrados, a eventual inoficiosidade das liberalidades praticadas pelo autor da herança, e muitas outras que podem influir decididamente, quer nos últimos trâmites do processo, quer na própria partilha.

Organizado que seja o mapa definitivo da partilha, segundo as regras do art. 1375.º do C.P.C., e cumpridas que estejam as formalidades relativas às reclamações contra o mapa, é proferida a sentença homologatória da partilha constante do dito mapa e das operações de sorteio, deste modo se dando forma à partilha (art. 1382.º do C.P.C.).

Numa análise que se pretendeu sintética, consignámos umas breves notas sobre o Inventário. Não é desiderato desta obra, nem sequer se justifica pela sua necessidade, aprofundar esta matéria, tanto mais que é nossa intenção atribuir um merecido realce à partilha que se alcança em circunstâncias extrajudiciais, a qual apela ao espírito de consensualidade de todos os interessados, ao exercício livre e autónomo do poder de auto-regulamentação dos seus interesses, numa óptica que deverá salvaguardar sempre a boa-fé, a estrita legalidade e uma desejada celeridade, com exclusão do clima de conflitualidade, latente ou declarada, que anda inevitavelmente associada ao Inventário.

A título exemplificativo do que deixámos dito, achámos por bem incluir aqui algumas peças processuais oriundas de um

Parte II – Da Partilha Judicial 27

Inventário real, que corre ainda seus termos e cujo desfecho dependerá da apreciação e resolução de uma questão prejudicial de usucapião. Trata-se de um Inventário que se converteu num processo profundamente complexo e arrastado e que, pelas próprias circunstâncias que o motivaram, é gerador de um conjunto de incidentes que se "enxertaram" sequencialmente, não dando tréguas aos intervenientes.

O desejado acordo tornou-se inexequível, praticamente a partir do momento em que à requerente foi reconhecida judicialmente a qualidade de filha do inventariado. Depois de perfilhada por complacência, pelo marido de sua mãe, e depois de descobrir, acidentalmente, a sua verdadeira progenitura, a requerente intentou uma acção para cancelamento da referida perfilhação, que foi julgada provada e procedente e, em seguida, propôs acção de investigação de paternidade em relação ao inventariado e já depois de este ter falecido.

Também esta lide teve sucesso. Em consequência, por Acórdão do S.T.J. foi reconhecida a filiação da requerente em relação ao investigado, pelo que restava agora habilitar-se à herança aberta por morte de seu pai. Pelo caminho, isto é, entre o nascimento da requerente, Violante Maria Paupério da Silva, e o processo de Inventário que move contra os outros herdeiros de seu pai, estão uma doação feita em 1931, a seu pai Juvenal Ribeiro da Silva e mulher, pelos pais daquele, uma outra doação, de 1961, feita por seu pai e mulher ao filho único nascido do casamento de ambos, Ildeberto Ferreira da Silva, irmão consanguíneo da requerente, uma partilha extrajudicial outorgada em 1970, entre Juvenal e seu filho Ildeberto, por morte de sua mãe, um inventário orfanológico de 1981, por morte de Ildeberto, filho pré-defunto de Juvenal, e o próprio inventário que a requerente intentou em 1999, o qual apresenta incidentes vários, com remessa para os meios comuns.

É, portanto, um exemplo invulgar que atravessa longitudinal-mente os Séculos XX e XXI, com a diversidade legislativa que foi marcando cada uma das épocas e seus distintos efeitos em matéria de sucessões e partilhas.

✓ Requerimento de Inventário com pedido de escusa de cabeçalato

Exmo Sr.
Dr. Juiz de um dos Juízos
do Tribunal Judicial
da Comarca do Porto

VIOLANTE MARIA PAUPÉRIA DA SILVA, doméstica, viúva, residente na Rua do Sobreiro, n.º 475, na freguesia de Cedofeita, no concelho do Porto, vem requerer que se proceda a

INVENTÁRIO para partilha da herança aberta por óbito de seu pai JUVENAL RIBEIRO DA SILVA, falecido em 26 de Maio de 1991, nos termos legais e com os fundamentos que se seguem:

1.º

O ora inventariado faleceu, a 26 de Maio de 1991, na Rua das Pedras Soltas, n.º 11, da freguesia da Sé, desta comarca, onde tinha o seu domicílio, conforme melhor resulta do assento de óbito n.º 291, que se junta e se dá por integrado para todos os legais efeitos (Doc. n.º 1).

2.º

O finado era já viúvo de IDALÉCIA FERREIRA DA SILVA.

3.º

Deste casamento nasceu um único filho, ILDEBERTO FERREIRA DA SILVA, também já falecido a 13 de Janeiro de 1981.

4.º

Deixando sobrevivos dois filhos, ou seja, os netos do autor da

herança, NERO RAMOS FERREIRA DA SILVA, casado, e POM-
PEIA RAMOS FERREIRA DA SILVA, solteira, maior, ambos residentes na supra indicada residência do finado.

5.º

Estes são, consequentemente, os herdeiros do inventariado, para
além da aqui Requerente.

6.º

Acontece que, nos termos do Acórdão do S.T.J., proferido em
acção de investigação da paternidade, que correu seus termos
sob o n.º .../92 do ... Juízo deste Tribunal, foi à Requerente reconhecida e confirmada a paternidade em relação ao investigado, e
aqui inventariado JUVENAL RIBEIRO DA SILVA.

7.º

Decisão esta que, tendo sido proferida em 25 de Junho de 1998,
pelo Supremo Tribunal de Justiça, veio a ser averbada no seu
assento de nascimento, como melhor resulta da certidão que se
junta e se dá por integralmente reproduzida, para todos os legais
efeitos (Doc. n.º 2).

8.º

Em face de douta decisão que definitivamente resolveu a questão, tentou a Requerente fazer a partilha extrajudicial dos bens
deixados por seu pai, o que não conseguiu.

9.º

A herança permanece, assim, indivisa.

10.º

Cumpre, portanto, que se proceda ao competente inventário.

Parte II – Da Partilha Judicial

11.º

A Requerente é herdeira legal do inventariado e, nos termos do disposto no art. 2080.º do C.C. incumbe àquela exercer as funções de cabeça de casal.

12.º

Contudo, nos termos da al c) do n.º 1 do art.º 2058.º do C.C. requer, aqui, a sua escusa.

13.º

Com efeito, para além de residir em comarca distinta da competente para o inventário, desconhece em absoluto quais os bens que integram a herança do finado, atentas as circunstâncias atrás invocadas.

14.º

Sabendo, apenas, que os bens deixados pelo inventariado – que reputa de valor considerável – se situam nesta mesma comarca.

15.º

Pelo que, e caso lhe venha a ser deferida a solicitada escusa, as funções de cabeça de casal deverão ser exercidas pelo seu sobrinho e neto do inventariado, o já identificado NERO FERREIRA RAMOS DA SILVA.

16.º

Tanto mais que este sempre viveu em comunhão com seu avô, presumindo-se que este tenha um conhecimento integral de todos os bens do inventariado.

TERMOS EM QUE se requer a V. Exª que se proceda ao linventário para partilha da herança aberta por óbito de Juvenal Ribeiro da Silva, bem como se defira o formulado pedido de escusa, tomando-se, posteriormente, declarações ao Indicado cabeça de casal e seguindo-se os ulteriores termos até final.

Parte II – Da Partilha Judicial

✓ Auto de juramento e declarações de cabeça de casal

DATA: 99/03/08, pelas 14:00 horas ————————————
MAGISTRADA: Drª ... Mmª Juiz de Direito ————————
OFICIAL DE JUSTIÇA: ——————————————————

PROCESSO: Inventário n.º 9/99 ——————————————
INVENTARIADO: JUVENAL RIBEIRO DA SILVA, que foi viú-
vo de Idalécia Ferreira da Silva, com a qual foi casado sob o
regime de comunhão geral de bens e com último domicílio na
Rua das Pedras Soltas, n.º 11, na freguesia da Sé, desta
Comarca, ————————————————————————
Presentes: O cabeça-de-casal NERO RAMOS FERREIRA DA
SILVA, casado, comerciante, nascido em 63/10/11 na fregue-
sia da Sé, concelho do Porto, filho de Ildeberto Ferreira da
Silva e de Ofélia Hercília Ramos, portador do B.I. n.º 6667769,
emitido em 95/01/11 pelos S.I.C. de Lisboa e residente na
Rua das Pedras Soltas, n.º 11, da dita freguesia da Sé.———

À hora designada e cumpridas que foram as formalidades
legais, o cabeça de casal prestou o juramento legal de bem
desempenhar as funções de cabeça de casal neste inventário
por óbito de Juvenal Ribeiro da Silva. ————————————
——————————Seguidamente a Mmª Juiz encarregou-se
de fazer as declarações exigidas pelo art.º 1340.º do C.P. Civil, o
que foi satisfeito do seguinte modo: ————————————

O inventariado chamava-se JUVENAL RIBEIRO DA SILVA,
faleceu no dia 26 de Maio de 1991, na freguesia da Sé, deste
concelho, onde teve a sua última residência na Rua das Pedras
Soltas, n.º 11. ——————————————————————

O inventariado não deixou testamento, doação, qualquer disposição legal de última vontade, nem tão pouco bens, tendo deixado a suceder-lhe:

1– NERO RAMOS FERREIRA DA SILVA (neto do inventariado), casado sob o regime de comunhão de bens adquiridos com Ana Marianela Fagundes Pimpolho, residente na Rua das Pedras Soltas, n.º 11, freguesia da Sé, deste concelho;————————

2– POMPEIA MARIA RAMOS FERREIRA DA SILVA (neta do inventariado), solteira, maior, nascida em 79/08/05, residente igualmente na dita Rua das Pedras Soltas, n.º 11,————————

3– VIOLANTE MARIA PAUPÉRIO DA SILVA (filha perfilhada após o óbito do inventariado), viúva de Bernardo Paupério, com quem foi casada sob regime de comunhão geral de bens, residente na Rua do Sobreiro, n.º 475, em Gondomar————————————.

Seguidamente pela Mmª Juiz, foi proferido o seguinte:————————————————————————

✓ Despacho

Uma vez que o cabeça de casal declarou não existir quaisquer bens a partilhar, cite os interessados nos termos e para os efeitos do disposto nos art.º 1341.º, 1342.º e 1343.º do C.P. Civil e ainda, para se pronunciarem, querendo, no mesmo prazo, quanto à declaração supra mencionada da inexistência de bens a partilhar.——————————

Notifique——————————————————————

Neste momento e porque ordenado, notifiquei o cabeça de casal de todo o conteúdo do despacho que antecede, o qual declarou ficar ciente.——————————————

E para constar foi lavrado o presente auto, que depois de lido e achado conforme, vai ser devidamente assinado.

✓ Reclamação

Exmo Sr.
Dr. Juiz do 1.º Juízo do
Tribunal Judicial da Comarca
do Porto

PROC.º N.º 9/99
INVENTÁRIO

VIOLANTE MARIA PAUPÉRIO DA SILVA, Requerente nos autos de Inventário à margem identificados, notificada do teor das declarações prestadas pelo cabeça de casal, vem, nos termos e para efeitos do disposto nos art.s 1343.º e ss. do C.P.C., dizer o seguinte:

1.º

Alegou o cabeça-de-casal inexistirem quaisquer bens para partilhar.

2.º

Contudo, tal não corresponde à verdade.

3.º

E isto porque, por escritura de doação outorgada em 17 de Agosto de 1962, no Cartório Notarial de ..., o falecido JUVE-NAL RIBEIRO DA SILVA, ora inventariado, e sua mulher, igualmente falecida, de seu nome IDALÉCIA FERREIRA DA SILVA, doaram ao único filho nascido do seu casamento – ILDEBERTO FERREIRA DA SILVA – os bens constantes da mesma escritura, cuja cópia se junta em certidão emitida pelo mesmo Cartório, em 5 de Setembro de 1991 (Cfr. Doc. n.º 1).[1]

---

[1] Vide doação da pág. 45.

4.º

Acontece que a referida IDALÉCIA veio a falecer a 29 de Agosto de 1969, tendo-lhe sucedido na herança aberta por sua morte o seu indicado filho ILDEBERTO.

5.º

Os "*de cujus*", encontravam-se casados em primeiras e únicas núpcias de ambos, sob o regime da comunhão geral de bens.

6.º

Pelo que, ao falecido Juvenal, cabia a meação de todos os bens que constituíam a comunhão do casal.

7.º

Bens que, salvo melhor prova, são os constantes da competente relação junta ao processo de Imposto Sucessório n.º ..., instaurado em 26 de Setembro de 1969 na Serviço de Finanças de ...., por óbito da referida IDALÉCIA (Cfr. Doc. n.º 2).[2]

8.º

Entretanto, foi à aqui Requerente reconhecida e confirmada a paternidade do inventariado JUVENAL, nos precisos termos do Acórdão do S.T.J., conforme já alegado nos art.s 6.º e 7.º deste Requerimento.

9.º

Sendo certo que, quer o inventariado, quer a sua falecida mulher IDALÉCIA, bem como o único filho do casal, sempre souberam da existência desta filha do JUVENAL.

---

[2] Vide relação de bens da pág. 53.

10.º

É mesmo de presumir que a própria doação terá sido feita, naquela data, como o intuito específico de vedar à Requerente o exercício dos seus direitos patrimoniais em relação à futura herança de seu pai.

11.º

Por óbito do filho Ildeberto, foi instaurado processo de inventário orfanológico que correu seus termos no ... Juízo do Tribunal Judicial da Comarca do Porto, sob o n.º .../81, sendo naquele relacionados e descritos vários bens, conforme fotocópia simples que aqui se junta e se dá por integrada, para todos os legais efeitos (Doc. n.º 3).

> TERMOS EM QUE se requer a V. Exa se digne efectuar as necessárias diligências probatórias com vista ao relacionamento dos bens da herança, e sua subsequente partilha.

Para melhor compreensão dos trâmites deste processo de Inventário, entendemos por bem transcrever a escritura de doação feita a Juvenal Ribeiro da Silva, por seus pais; a escritura de doação feita por aquele, e sua mulher, ao filho único do casal, Ildeberto Ferreira da Silva; bem como as principais peças do inventário orfanológico que correu termos por morte deste mesmo Ildeberto.

✓ Doação feita ao inventariado por seus pais, em 1931

(Transcreve-se aqui todo o teor da doação, mantendo-se inalterada a ortografia vigente)

——————————— NOTARIADO PORTUGUÊS ———————
——————————— CARTÓRIO NOTARIAL DE... ———————

"Doação que fazem JOSELINO DE JESUS JUNIOR DA SILVA E MULHER A SEU FILHO JUVENAL RIBEIRO DA SILVA E MULHER, DA FREGUESIA DA SÉ, EM NOVE DE SETEMBRO DE MIL NOVECENTOS E TRINTA E UM.———————
————————

Saibam quantos nesta escritura virem que no dia nove de Setembro de mil novecentos e trinta e um, em meu cartório, nesta cidade do Porto, perante mim, Notário do mesmo concelho, compareceram como outorgantes:———————————
PRIMEIRO – doador – Jose-lino de Jesus Junior da Silva e sua mulher Rosalina Castro Ribeiro, proprietários.
SEGUNDOS – donatários – seu filho Juvenal Ribeiro da Silva e mulher Idalécia Ferreira da Silva, lavradores:

São ambos os outorgantes moradores na Rua das Pedras Soltas, número onze, freguesia da Sé, deste concelho e pessoas de cuja identidade, idoneidade me certifiquei pelas testemunhas idoneas adiante nomeadas, do que dou fé. E, perante mim e estas, disseram os primeiros outorgantes: Que eles são legítimos senhores e possuidores dos seguintes bens——
PRIMEIRO – umas casas de habitação, parte térreas e parte sobradadas com sua cozinha, quintal ou cortinha a lavradio e mais dependencias e pertenças, sitas no lugar de Medas, inscritas na matriz respectiva nos artigos três e quatro urbanos e quarenta rústico e descritas na conservatória sob os números

vinte e quatro mil e quatrocentos e vinte e três e vinte e quatro mil quatrocentos e vinte e cinco, a fôlhas cento e quinze verso e cento e dezasseis verso, do livro B quarenta e três;— SEGUNDO – um terreno a lavradio chamado do Casal de Cima, pegado ao prédio anterior, no mesmo lugar, inscrito na matriz respectiva no artigo cincoenta e descrito na conservatória sob o número vinte e quatro mil quatrocentos e vinte, a fôlhas cento e dezasseis do livro B quarenta e três:———— TERCEIRO – um terreno onde actualmente se acham construidos um alpendre ou coberto e cortes de gado, tambem junto ao primeiro prédio, no mesmo lugar inscrito na matriz no artigo cinco urbano e descrito na conservatória sob o número sete mil seiscentos e cincoenta e oito, a fôlhas cento e vinte e seis do livro B trinta:———————— QUARTO – um terreno a lavradio, sito no lugar da Fonte Quente, ao campo do Laguinho, a confinar do sul e nascente com a cortinha do primeiro prédio, poente com a estrada nacional, terminando do norte em ponte aguda. Tem descrição na conservatória sob o número vinte e sete mil setecentos e sessente e sete, a fôlhas quatorze do livro B oitenta e dois.— QUINTO – outro terreno identico no mesmo sitio e lugar, a confinar do sul com herdeiros de Julião Barroso da Silva, nascente com estrada nacional e dos mais lados com o campo do Laguinho abaixo descrito em sexto lugar, tendo descrição na mencionada conservatória sob o número vinte e sete mil setecentos e sessenta e oito, a fôlhas quatorze verso, do livro B oitenta e dois. Estes dois últimos terrenos são omissos na matriz respectiva e para serem nela inscritos foi dada hoje a devida participação de que me apresentaram o duplicado, que arquivo, com a competente nota de entrada na Serviço de Finanças deste concelho: SEXTO – o Campo do Laguinho, a lavradio (em que se compreende uma parte que foi antigamente chamada bouça da Lagoa ou da Estrada), sito no aludido lugar de Medas – inscrito na matriz nos artigos cincoenta e dois, cincoenta e três e cincoenta e cinco, e descrito na conservatória sob o número

Parte II – Da Partilha Judicial 41

vinte mil quatrocentos e dezassete, a fôlhas oitenta verso, do livro B sessenta e três:

SÉTIMO – o dominio directo do fôro anual de quatro escudos sujeitos à actualização legal, que é hoje obrigada a pagar Maria Fortunata da Livração, viúva residente no lugar da Fonte, impôsto em um prédio que esta possue sito no mesmo lugar de Fonte Quente, inscrito na matriz respectiva no artigo oito urbano e descrito na conservatória sob o número trinta e dois mil trezentos e setenta e dois, a fôlhas cento e quarenta e seis verso do libro B noventa e seis. Todos os bens até aqui descritos ficam situados na freguesia de Ermezinde, do concelho de Valongo, os primeiros sete são livres e alodiais e todos vieram ao seu dominio e posse por doação que a êle marido fizeram seus paes Jesus da Silva e Maria Teresa, por escritura de vinte e nove de Outubro de mil novecentos e dois, lavrada pelo notário F..., meu antecessor.

OITAVO – o Campo da Lagoa, a lavradio, com ramadas, sito no indicado lugar de Fonte Quente, freguesia sobredita, inscrito na matriz no artigo cincoenta e um, e descrito na conservatória sob o número vinte mil quatrocentos e treze, a fôlhas sessenta e oito verso, do livro B sessenta e cinco. Este prédio veio ao seu dominio e posse por compra feita a Joana Padeira, viúva, do lugar de Vilarinhos, freguesia de Ramalde. Este último prédio é igualmente livre e alodial.Queridos pais:————————

Que pela presente escritura, fazem de todos os seus indicados bens doação pura e irrevogavel de hoje para sempre ao seu nomeado filho e mulher, segundos outorgantes, com todas as pertenças, serventias, logradouros, águas e acessões que lhes forem correspondentes:————————————

Que d'esta doação fica, porem, excluido um talho de terreno da cortinha ou quintal, que faz parte do primeiro prédio descrito e corresponde ao artigo quarenta e um rútico da matriz, talho este que representa um terço da dita cortinha, fica na extrema nascente dela, tem a forma triangular, está separada do restante por uma linha de ramadas, que ficam excluídas também da doação e já devidamente divisado e assinalado confina agora do norte com Sabino Sovina, poente e sul com a mesma cortinha, nascente com estrada distrital. Este talho excluido, destacado da cortinha, destina-se a edificação e nele existe um poço de água com seu engenho, que ficarão pertencendo por metade a cada um d'elles primeiros e segundos outorgantes, com o competente direito para os donatários de passagem de pessoas e animais e rego de água para tiragem e utilização desta, e concomitante obrigação para os mesmos donatários de fazerem e pagarem metade de todas as despesas de conservação e reparação do dito pôço e engenho:————————

Que outro sim doam aos mesmos segundos outorgantes, cinco cabeças de gado bovino, sendo três vacas e dois bois de trabalho.-Queridos pais:————————————————

esta doação tanto dos bens imobiliários como semo-ventes é feita com as condições, clausulas e reservas seguintes:

PRIMEIRA – Eles doadores, ficarão usufrutuários durante o prazo de cinco anos a contar de hoje, de todos bens doados:

SEGUNDA – no fim d'este usufruto tomarão os donatários conta de todos os mesmos bens, ficando porem, desde logo obrigado a prestar a eles doadores as seguintes pensões anuaes: mil e duzentos litros de milho branco, – sessenta litros de feijão moleiro, sessenta litros de centeio-tudo isto seco, grado, limpo e em termos de receber; sessenta quilogramas de carne de porco; um terço do vinho produzido nos prédios doados, medido à bica do lagar ou vasilha em que fôr fabricado, e um terço da fruta dos mesmos prédios. Mais meio litro de leite bom e puro, diariamente. Todas estas coisas serão postas em casa deles doadores nas épocas próprias e usuaes, à custa dos donatários:————————————

TERCEIRO – depois de terminar aquele usufruto ficarão tambem os donatários obrigados a ir ou mandar buscar duas carradas de carvão anualmente a Rio Torto, para consumo d'eles doadores:————————————————————

QUATRO – os doadores ficarão outrosim, depois de findo o seu usufruto, com o direito de entrar quando lhes aprouver nos prédios rusticos doados e por eles passear, sós ou com

Parte II – Da Partilha Judicial

pessoas que os forem visitar, mas de forma que não causem prejuízos:————————————————————————————
QUINTO – os donatários ficam obrigados a dar a eles doadores a titulo de entrada para os bens aqui doados, a quantia de trinta e cinco mil escudos dos quaes entregaram nesta data a quantia de cinco mil escudos que eles mesmos doadores declaram haver recebido e de que dão quitação, devendo os restantes trinta mil escudos ser pagos ao fim de cinco anos a contar de hoje em moeda corrente e em casa deles doadores, sem vencimento de quaisquer juros:——————————
SEXTO – os doadores dão aos donatários seu filho e nora, pelas forças da quota disponível de suas heranças metade do valor total liquido dos bens doados (depois de abatida a entrada acima imposta) que se apurar quando da confereneia dos mesmos bens – a fim d'essa metade lhes passar precipua e sem obrigação de conferência, pois d'ela os escusam, e a outra metade liquida d'aquele valor total o donatário marido o conferirá oportunamente nos termos legaes com os demais herdeiros dos doadores e metade por morte de cada um, pois lhe são doados por conta das suas legitimas paterna e materna, compartilhando também o conferente no respectivo valor, como de direito. Que eles doadores, nos termos expostos e sem prejuizo da indicada reserva, cedem e transferem desde já nos segundos outorgantes toda a posse, dominio, direito, e acção que até agora tiveram nos bens doados, obrigando-se a fazer esta doação boa, firme e de paz a todo o tempo, a aceitar a autoria e a responder pela evicção de direito:————
PELOS SEGUNDOS OUTORGANTES JUVENAL RIBEIRO DA SILVA E MULHER FOI OUTROSIM DITO:——————
– Que aceitavam e agradeciam a seus paes e sogros a presente doação com todas as clausulas e obrigações activas e passivas, que por sua parte se obrigam a cumprir, bem como aceitavam a quitação dos cinco mil escudos da entrada agora pagos, obrigando-se a pagar os restantes trinta mil escudos na época e forma estipulados. De como assim o disseram e outorgaram são testemunhas presentes Agostinho Pedroto e

Augusto Rochela, ambos casados, negociantes, moradores nesta vila, os quaes vão assinar com os donatários, não assinando os doadores por declararem não saber, depois de lida esta escritura em voz alta, na presença simultânea de todos, por mim, notário sobredito que a escrevi e subscrevo. Em tempo declararam os outorgantes que, para efeito d'esta escritura dão aos bens doados o valor total de quarenta mil escudos dos quaes são trinta e sete mil escudos relativos ao acervo dos bens imóveis e três mil escudos relativos aos semoventes; que no ultimo dos cinco anos do usufruto reservado pelos doadores, entregarão este aos donatários, no fim da colheita, metade de todos os cereaes, vinho e frutas produzidas nos prédios doados; que os prédios descritos em primeiro, segundo, terceiro e quarto lugares, estão hoje unidos, formando uma só área. O imposto de selo devido com o de recibo é de trinta e cinco escudos e vinte centavos:————————————————

✓ Doação feita pelo inventariado Juvenal Ribeiro da Silva e mulher ao filho de ambos Ildeberto Ferreira da Silva em 1962 (com imposição de encargos e reserva do usufruto)

"No dia dezassete de Agosto de mil novecentos e sessenta e dois, no Cartório Notarial de...., perante mim ..., Licenciado em Direito e Notário no dito Cartório, compareceram como outorgantes:————————————————————————

Primeiros: Juvenal Ribeiro da Silva e mulher Idalécia Ferreira da Silva, proprietários, moradores na Rua das Pedras Soltas, número onze, da freguesia da Sé, concelho do Porto;————
Segundo-Ildeberto Ferreira da Silva, solteiro, maior, agricultor, residente com os anteriores:————————————————
Verifiquei a identidade dos outorgantes por declaração dos abonadores adiante indicados. E pelos primeiros foi dito:————
Que, pela presente escritura, fazem doação ao segundo outorgante, Ildeberto Ferreira da Silva, seu filho, dos prédios rústicos seguintes todos situados no concelho de Valongo:————
Primeiro – Umas casas de habitação, parte térreas e parte sobradadas, com cozinha, quintal ou cortinha a lavradio e mais pertenças sitas no Lugar de Medas, freguesia de Ermesinde, inscritas nos artigos oitenta e seis, da matriz urbana, de que é nove décimos e setenta e nove da matriz rústica, de que é dois terços, e descritas na mesma Área da Repartição Predial respectiva como parte dos números vinte e quatro mil e quatrocentos e vinte e três e vinte e quatro mil quatrocentos e vinte e cinco, no Livro B quarenta e três, no valor matricial corrigido de seis mil quinhentos e cinquenta e dois escudos e no declarado de três mil escudos;————————————
Segundo – Um terreno onde se acham construídos um alpendre, cobertos e cortes de gado, nos mesmos lugar e freguesia, inscrito no artigo noventa e um, da matriz urbana, de que é um décimo, e descrito na Conservatória respectiva sob o

número sete mil seiscentos e cinquenta e oito no Livro B trinta, no valor matricial corrigido de cento e vinte escudos e no declarado de mil escudos;————————————————————————————

Terceiro – Um terreno a lavradio, sito no Lugar da Fonte Quente, da mesma freguesia de Ermesinde, inscrito no artigo quarenta e dois, da matriz rústica, e descrito na Conservatória respectiva sob o número vinte e sete mil setecentos e sessenta e sete, no Livro B oitenta e dois, no valor matricial corrigido de mil trezentos e vinte escudos e no declarado de dois mil escudos;————————————————————————

Quarto – O Campo da Lagoa, a lavradio, no mesmo lugar de Fonte Quente, inscrito no artigo cinquenta e um, da matriz rústica, e descrito na Conservatória respectiva sob o número vinte mil quatrocentos e treze, no Livro B sessenta e cinco, no valor matricial corrigido de vinte e cinco mil quinhentos e sessenta escudos e no declarado de trinta e cinco mil escudos: Que esta doação é feita, porém, com as seguintes reservas e cláusulas: Primeira – Os doadores reservam para si o usufruto dos prédios todos, vagando metade desse usufruto à morte de qualquer deles doadores;————————————————————

Segunda – Os doadores ficam com o direito de cortar, arrancar e dispôr, como entenderem, de todas as árvores que existam ou venham a existir nos prédios atrás descritos;————————

Terceira – O donatário fica obrigado a pagar o funeral do doador que falecer em último lugar, o qual será em tudo igual ao que for feito ao primeiro que falecer;————————————————

Quarta – A doação é feita por conta das quotas disponíveis dos doadores;————————————————————————————

——Pelo segundo outorgante foi dito: Que aceita esta doação nos termos expostos:————————————————————————————

—Assim o disseram e outorgaram Adverti os outorgantes do conteúdo e alcance do disposto no número primeiro do artigo décimo terceiro do código do Registo Predial:

—Foram abonadores F....e F.....

✓ Habilitação por morte de Idalécia Ferreira da Silva

No dia dezasseis do mês de Outubro de mil novecentos e setenta, neste Cartório Notarial de ...., perante mim F..., Notário do Cartório, compareceram como outorgantes———
Antero Leocádio da Cruz, casado, natural da Sé, Porto, onde reside na Rua do Meio, número cinco;———
América de Jesus, viúva, natural da mesma freguesia da Sé, onde reside na Rua do Lado, número dez;———
Albino Custódio Silva, casado, natural da Sé, Porto, onde reside na Rua de Trás, número trinta;———
Verifiquei a identidade dos outorgantes pelo conhecimento pessoal que deles tenho e disseram:———
— Que muito bem conheceram Idalécia Ferreira da Silva, casada, natural de S. Teodoro, concelho de Valongo, residente na Rua das Pedras Soltas, número onze, no Porto, filha de Gervásio Ferreira e Maria de Jesus:———
— Que a mesma era casada em primeiras núpcias de ambos e sob o regime da comunhão geral de bens com Juvenal Ribeiro da Silva e neste estado faleceu, na freguesia da Sé, concelho do Porto, no dia vinte e nove de Agosto de mil novecentos e sessenta e nove, sem ter feito testamento, e deixando como única descendência sucessível um único filho legítimo Ildeberto Ferreira da Silva, natural da dita freguesia da Sé e aí residente na Rua das Pedras Soltas, número onze, casado na comunhão geral de bens com Ofélia Hercília Ramos.———
— Que têm perfeito conhecimento destes factos e porque não há lugar a inventário obrigatório, como verifiquei, declararam para todos os efeitos de Direito, que o referido Ildeberto Ferreira da Silva é o único herdeiro de sua mãe, Idalécia Ferreira da Silva, e que não existem outras pessoas que lhe prefiram nessa qualidade ou com ele concorram à sucessão.———
— Que na herança não há bens mobiliários:———
Arquivo os seguintes documentos:———
Esta escritura foi lida ...

✓ **Partilha por morte de Idalécia Ferreira da Silva**

No dia vinte e sete do mês de Outubro de mil novecentos e setenta, neste Cartório Notarial de ...., perante mim F...., Notário do Cartório, compareceram como outorgantes:———
—PRIMEIRO: JUVENAL RIBEIRO DA SILVA, viúvo, natural de Sé, Porto, onde reside na Rua das Pedras Soltas, número onze;———
SEGUNDO-ILDEBERTO FERREIRA DA SILVA e mulher OFÉLIA HERCÍLIA RAMOS, casados em comunhão geral de bens, ambos naturais da mesma freguesia da Sé e aí residentes com o anterior. Verifiquei a identidade dos outorgantes por abonação das duas pessoas adiante indicadas e disseram todos os outorgantes:———
—Que Idalécia Ferreira da Silva, esposa do primeiro outorgante com quem foi casada em comunhão geral de bens, e mãe e sogra dos segundos, faleceu no dia vinte e nove de Agosto de mil novecentos e sessenta e nove, naquele estado de casada, sem ter feito testamento ou qualquer outra disposição de bens, deixando como único herdeiro o seu único filho legítimo Ildeberto Ferreira da Silva, como tudo consta da escritura de habilitação de herdeiros, lavrada neste Cartório em dezasseis do corrente, a folhas seis deste Livro de escrituras:-
— Que estando nas circunstâncias legais de, entre si, fazerem a partilha dos bens da herança da falecida, à mesma vêm dar forma legal pela presente escritura:———
— Que os bens a partilhar são os seguintes:———
UM – Moradas de casas de rés-do-chão destinadas a habitação com terreno de acesso ao posto de abastecimento de gasolina, sito no Lugar de Rechousinhos, freguesia de Ermesinde, concelho de Valongo, a confrontar do sul com a estrada nacional e dos demais lados com Florisa Marcelina Pires, inscrito na respectiva matriz urbana no artigo duzentos e vinte e dois, com o valor matricial considerado como real para esta escritura de cento e oito mil escudos;———

DOIS – Prédio de rés-do-chão destinado a posto de abastecimento de gasolina e terreno anexo ao dito posto, sito no mesmo lugar e freguesia, a confrontar do norte com estrada nacional e dos demais lados com Florisa Marcelina Pires, inscrito na respectiva matriz urbana no artigo duzentos e vinte e três, com o valor matricial e declarado como real de cinquenta e quatro mil escudos:―――――――――――――
— Ambos os prédios constituem parte do descrito na Conservatória do Registo Predial de ...., sob o número vinte e um mil trezentos e trinta e três do livro B vinte e dois:―――――
Têm estes bens o valor total de cento e setenta e dois mil escudos. Esta importância divide-se em duas partes iguais, uma que constitui a meação do primeiro outorgante, viúvo, Juvenal Ribeiro da Silva, e outra a meação da falecida, inteiramente adjudicada ao seu único filho, o segundo outorgante, Ildeberto Ferreira da Silva:―――――――――――――
PAGAMENTOS – ambos os prédios ficam a pertencer ao segundo outorgante Ildeberto. Como o seu quinhão é apenas no valor de oitenta e um mil escudos, leva a mais igual quantia de oitenta e um mil escudos que dá de tornas, em dinheiro, a seu pai ficando, assim, pagos:――――――――――――
— Disse o primeiro outorgante Juvenal haver já recebido a dita importância e dela dar quitação. Assim, nos termos expostos, dão por concluída a sua partilha, que se obrigam a manter:――――――――――――――――――――
— Disse a segunda outorgante dar a sua autorização a este acto. Assim disseram e outorgaram, do que dou fé:――――
— A I.M.T. devida pelo excesso de bens que leva o segundo outorgante foi paga hoje na Tesouraria da Fazenda Pública deste concelho, como prova o conhecimento número oitenta, que me apresentam e arquivo:―――――――――――――
— Foi-me presente a caderneta predial de ambos os prédios, que examinei e restituí―――――――――――――――――
Foram abonadores F.... e F....
Li e expliquei esta escritura em voz alta na presença simultânea de todos.

✓ Autos de inventário obrigatório – Inventariado: Ildeberto Ferreira da Silva

TRIBUNAL JUDICIAL
PROCURADORIA DA REPÚBLICA
Porto

Tendo falecido ILDEBERTO FERREIRA DA SILVA——————
————————————que foi residente em Rua das Pedras Soltas, número onze, freguesia da Sé no Porto,———
————————————e deixando bens e herdeiros sujeitos à jurisdição orfanológica, promovo que D. e A., se proceda ao respectivo inventário obrigatório, citando-se, para prestar declarações como cabeça de casal, OFÉLIA HERCÍLIA RAMOS ————————————————————, viúva —————
———————————— residente na dita Rua das Pedras Soltas, número onze ————————————
    Junta-se a respectiva certidão de óbito.
Valor provável ———— cinco mil escudos———— } 5.000$00
—————————————————————————

17 de Fevereiro de 1981

O Magistrado do Ministério Público

Parte II – Da Partilha Judicial

✓ **Auto de juramento e declarações de cabeça de casal**

Em 2 de Março de 1981, neste ...º. Juízo Cível da Comarca de ...., onde se encontrava o Ex.ª Doutor ......, M.º Juiz de Direito, o Escrivão da 1ª Secção, e Oficial de Diligências ...., compareceu Ofélia Hercília Ramos, acompanhada de seu mandatário, Sr. Dr. ...., que neste acto apresentou procuração, mandado juntar aos autos, o cabeça de casal no inventário obrigatório por óbito de Ildeberto Ferreira da Silva———————————————————————
E, tendo jurado bem desempenhar as suas funções, o referido cabeça de casal prestou as seguintes declarações:———
— Que no dia 13 de Janeiro do ano em curso, na sua residência, sita na Rua das Pedras Soltas, número onze, freguesia da Sé, desta comarca, faleceu Ildeberto Ferreira da Silva, marido da declarante, com quem foi casada em primeiras núpcias de ambos sob o regime da comunhão geral de bens. Que o inventariado não fez testamento nem qualquer outra disposição de sua última vontade.————————————
————Que, como herdeiros legitimários, além da requerente, deixou os seguintes:————————————————————
——————————————FILHOS————————————————
1.º – Nero Ramos Ferreira da Silva, solteiro, de 17 anos, empregado de bomba de gasolina;————————————
2.º – Pompeia Ramos Ferreira da Silva, de ano e meio de idade, ambos residentes com a declarante.————————
Que não há legatários ou donatários, nem dívidas passivas, sendo os bens partilhar compostos de móveis e imóveis.——
Pela cabeça de casal foi dito que não lhe é possível apresentar neste acto a relação de bens, em virtude de ainda lhe faltarem alguns elementos relativos a imóveis, pelo que desde já requer que lhe seja concedido prazo não inferior a 30 dias, para a sua apresentação, ao que ele Senhor Juiz deferiu,

concedendo-lhe o prazo de 30 dias.————————————

Que, encontrando-se presente o digno Agente do M.º. P.º., Dr. ....., por este Magistrado foi indicado para desempenhar as funções de curador dos menores, o seu avô paterno Juvenal Ribeiro da Silva, viúvo, residente na Rua das Pedras Soltas, freguesia da Sé, Porto.————————————————

Ele Senhor Juiz, nomeou a pessoa indicada pelo digno Agente do M.º. P.º. Curador, e para o seu juramento designou o dia 9 do corrente mês pelas 16 horas, fazendo para tanto a necessária notificação.————————————————————

Finalmente ele Senhor Juiz ordenou que se procedesse às respectivas citações, despacho que neste acto foi notificado à cabeça de casal, que declarou ficar bem ciente.————————

Para constar se lavrou o presente auto, que depois de lido é assinado.————————————————————————

Parte II – Da Partilha Judicial

✓ **Relação de bens que apresenta a cabeça de casal Ofélia Hercília Ramos, nos autos de inventário obrigatório a que se procede por óbito de seu marido Ildeberto Ferreira da Silva**

ACTIVO
ESTABELECIMENTO COMERCIAL
Verba n.º 1

Posto de abastecimento de combustíveis, em nome individual do inventariado "Ildeberto Ferreira da Silva", com sede no lugar de Panoias, freguesia de Ermesinde, concelho de Valongo, com o valor de um milhão cento e cinquenta e oito mil duzentos e vinte e nove escudos e quarenta centavos, constante do último balanço datado de 31 de Dezembro de 1980 ....
.... 1.158.000$00

MÓVEIS
Verba n.º 2

Trem de cozinha, composto de quatro panelas de alumínio, dez tijelas para sopa, doze garfos, dez colheres para sopa, oito facas, doze chávenas, sendo seis para café e seis para chá, três terrinas, tudo muito usado, com o valor de trezentos escudos .... 300$00

Verba n.º 3

Uma mobília de sala de jantar, composta de quatro cadeiras, um armário para louça, muito usada, com o valor de mil e quinhentos escudos...1.500$00

Verba n.º 4

Quatro maples, forrados a pano, com valor de mil e duzentos escudos..1.200$00

Verba n.º 5

Um televisor, marca Nacional, muito usado, com a licença n.º 051186101, com valor de mil escudos ....1000$00

Verba n.º 6

Veículo automóvel, marca Sunbeam, com a matrícula SS-50--05, com onze anos, a que atribui o valor de oitenta mil escudos...80.000$00

Verba n.º 7

Um tractor marca Fiat-420, com a matrícula TT-33-99, com dois anos, a que atribui o valor de duzentos e vinte mil escudos ....220.000$00

Verba n.º 8

Uma pistola, calibre 6,35, com a licença de uso e porte de arma n.º 413066, a que atribui o valor de dois mil e quinhentos escudos...2.500$00

IMÓVEIS

SITOS NA FREGUESIA DE ERMESINDE, CONCELHO DE VALONGO, sendo metade em propriedade plena e a outra metade em raíz ou nua propriedade e da qual é usufrutuário vitalício Juvenal Ribeiro da Silva, pai do Inventariado, viúvo, residente na Rua das Pedras Soltas, número onze, da freguesia da Sé, no concelho do Porto, em virtude de a doação por si feita e sua esposa Idalécia Ferreira da Silva, já falecida, em 10 de Março de 1962, no Cartório Notarial de ....

Verba n.º 9

Terreno de cultura denominado Campo das Lentilhas, com videiras em ramada, sito no Lugar da Fonte Quente, com a área aproximada de 350 metros quadrados, a confrontar do Norte com a estrada nacional, nascente e poente com caminho, e a sul com Florindo Rabeca, o qual é parte do descrito na Conservatória do Registo Predial sob o n.º 27.767 do Livro B-82, e inscrito na matriz predial rústica sob o artigo 42, com o valor matricial de três mil trezentos e vinte escudo.3.320$00

Verba n.º 10

Prédio misto constituído por casas de habitação, parte térreas e parte sobradadas, com cozinha, quintal ou cortinha, a lavradio e mais pertenças, com um alpendre coberto e cortes de gado, denominado Casal de Cima, situado no lugar de Medas, da freguesia de Ermesinde, a confrontar de todos os lados com a Rua, o qual é parte dos descritos na Conservatória do Registo Predial sob os n.ºs 24.423 e 24.425, do Livro B-43 e 7.658 do Livro B-30, inscrito na matriz sob o artigo 91-urbano e na rústica sob o artigo 11 (actual), a que correspondem os antigos artigos rústicos 79 e 50, com o valor matricial global de cinquenta e dois mil duzentos e oitenta escudos......52.280$00

IMÓVEIS ALODIAIS
SITOS NA FREGUESIA DE ERMESINDE,
CONCELHO DE VALONGO

Verba n.º 11

Prédio de rés do chão destinado a habitação, com três compartimentos, cozinha e sanitário de serviço e terreno de acesso a um posto de abastecimento de gasolina, com a superfície coberta do prédio de 95 metros quadrados, superfície de acesso de 300 metros quadrados, a confrontar do sul com a estrada nacional, e dos demais lados com Florisa Marcelina Pires, sito no Lugar de Rechousinhos, o qual é parte do descrito na Conservatória do registo Predial sob o n.º 21.333-Fls

8 do Livro B-22, inscrito na matriz predial urbana sob o artigo 222, com o valor matricial de cento e quarenta mil e quatrocentos escudos ....140.400$00.

Verba n.º 12

Prédio de rés do chão destinado a posto de abastecimento de gasolina, com uma divisão, uma dependência para arrumos e terreno de acesso, tendo o prédio a área coberta de 40 metros quadrados, a superfície coberta da dependência de 13,50 metros quadrados, e a superfície de acesso ao referido posto a área de 156 metros quadrados, no referido Lugar de Rechousinhos, a confrontar do norte com a estrada nacional e dos demais lados com Florisa Marcelina Pires, o qual é parte do descrito na Conservatória do Registo Predial sob o n.º 21.333-fls 8 V.º, do Livro B-22, inscrito na matriz predial urbana sob o artigo 223, com o valor matricial de setenta mil e duzentos escudos ....70.200$00

Verba n.º 13

JAZIGO

Um jazigo térreo, de quatro campas, sito na cemitério de Ermesinde, em Valongo, com o valor de cinco mil escudos ....5.000$00

À supra relação de bens apresentada pelo cabeça de casal, seguiram-se a descrição de bens e a acta de conferência, nos autos de Inventário Obrigatório por morte de Ildeberto Ferreira da Silva, filho pré-decesso do outro inventariado Juvenal Ribeiro da Silva.

Subsequentemente, foi proferida sentença que homologou a partilha, posto que, entre todos os interessados, designadamente a menor que se encontrava devidamente representada pelo seu curador, foi obtido acordo no que diz respeito à adjudicação dos bens e respectivos valores para preenchimento dos quinhões.

Parte II – Da Partilha Judicial   57

Do mapa de partilha, que foi então organizado, resulta que ao activo da herança – composto pelos bens móveis, incluindo o estabelecimento comercial e pelos imóveis, incluindo um jazigo –, no valor de 1.735.929$00, houve que abater o usufruto vitalício a favor de Juvenal Ribeiro da Silva, pai do aqui inventariado Ildeberto, o qual foi calculado em 13.450$00.

Assim, e uma vez deduzido o referido usufruto, o remanescente da herança e o total dos bens a partilhar ascendeu ao montante de 1.722.479$00, que foi dividido em duas partes iguais, de 861.239$50 cada uma delas, sendo que uma constituiu a meação da viúva e cabeça de casal, Ofélia Hercília, a quem foi adjudicada.

A outra metade, do mesmo valor, constituiu a herança do inventariado e foi dividida, em igualdade, pelos seus três herdeiros, a saber a referida viúva e os seus dois filhos, tudo nos termos do art. 2139.º do Código Civil, cabendo a cada um destes um quinhão legitimário de 287.079$80.

Cada um dos quinhões foi preenchido com bens que foram adjudicados em comum aos três herdeiros, nas proporções devidas e pelos valores das respectivas descrições e houve ainda lugar a tornas que se repôs pelo excesso.

Repare-se que esta adjudicação em comum, embora facilite o trabalho das adjudicações, remete os herdeiros para uma situação de indivisibilidade que os vai obrigar a destrinçar, num futuro mais próximo ou mais longínquo, mediante uma escritura pública, o que pertence concretamente a cada um deles. Este acto pode assumir a forma de uma divisão de coisa comum ou ser feito através de um encadeado de compras e vendas de quotas indivisas ou da sua permuta.

✓ Oposição dos Requeridos

Exmo Sr.
Dr. Juiz de Direito do Tribunal
Judicial da Comarca do Porto

Proc. N.º 9/99
... Juízo

NERO RAMOS FERREIRA DA SILVA e mulher ANA MARIA-NELA FAGUNDES PIMPOLHO e POMPEIA RAMOS FER-REIRA DA SILVA, à OPOSIÇÃO deduzida por VIOLANTE MARIA PAUPÉRIO DA SILVA, RESPONDEM:

1.º

Idalécia Ferreira da Silva, avó do cabeça de casal e da oponente Pompeia, faleceu intestada, no dia 29 de Agosto de 1969, no estado de casada em únicas núpcias de ambos e sob o regime da comunhão geral de bens com o inventariado Juvenal Ribeiro da Silva.

2.º

Como único e universal herdeiro sucedeu-lhe o filho do dissolvido casal, Ildeberto Ferreira da Silva, pai dos aqui oponentes.

3.º

Da herança aberta faziam parte os imóveis relacionados no processo de imposto sucessório n.º ....e, provavelmente, os móveis.

Parte II – Da Partilha Judicial

DOS MÓVEIS

4.º

Dos relacionados sob as Verbas:

N.º 2– Uma cama de casal, em pinho, um guarda-vestidos, uma cómoda e duas mesinhas de cabeceira, no valor de mil escudos;

N.º 3– Um trem de cozinha composto por três panelas, três tachos, seis pratos, doze talheres, uma mesa e um armário, tudo usado, no valor de duzentos escudos;

Presumivelmente existiram e foram pertença não só do finado Juvenal, como do filho Ildeberto, em comum.

5.º

Todavia, passados que são vinte e um anos, verifica-se que estes bens já não existem no espólio do inventariado.

6.º

Os oponentes desconhecem se foram ou não consumidos mas presumem que, tendo em apreço que a sua identificada avó faleceu já há cerca de trinta anos, terão sido destruídos pela fruição normal dos mesmos e por quem de direito.

7.º

O filho Ildeberto fez benfeitorias na casa de seu pai, na Rua das Pedras Soltas, número onze, da freguesia da Sé, no concelho do Porto e mobilou-a por inteiro.

8.º

O inventariado sempre viveu com seu filho, no mesmo daquele, e aí veio a falecer.

9.º

Tendo deixado de comprar o que quer que fosse, já que

quem providenciava sobre todas as necessidades do lar era o seu filho Ildeberto e sua mulher Ofélia Hercília.

10.º

Acresce que os móveis relacionados no inventário a que se procedeu por óbito do filho Ildeberto não têm nenhuma relação com os que integraram parte da herança aberta por óbito de dita Idalécia.

11.º

O posto de venda de gasolina, relacionado sob a Verba n.º 1, foi extinto pouco depois da morte de Idalécia, por deixar de ser economicamente viável.

12.º

Situava-se à margem de uma estrada velha, que deixou de ser utilizada como via de passagem.

13.º

Pelo que, e como alternativa, o casal Juvenal adquiriu duas parcelas de terreno à margem da estrada nova, para ali instalar o novo posto de venda de combustíveis.

14.º

Todavia, este posto foi instalado e licenciado por iniciativa e a expensas do filho Ildeberto, do qual foi propriedade.

IMÓVEIS

15.º

Os bens imóveis relacionados sob as Verbas n.ºs 11 e 12 foram adjudicados ao filho Ildeberto na partilha a que procedeu com seu pai, o ora inventariado, relativamente à herança aberta por morte de sua mãe Idalécia e por escritura de 27 de Outubro de 1970, no Cartório Notarial de ....

16.º

Sendo que o prédio relacionado sob a Verba n.º 12 foi demolido pouco depois da morte da Idalécia.

17.º

Parte do seu terreno foi expropriado para a variante a outra parte foi integrada no prédio misto que foi adjudicado em comum à viúva Ofélia e aos aqui opoentes, no inventário obrigatório a que se procedeu por óbito de Ildeberto.

18.º

De resto, todos os bens da herança aberta por morte de seu pai, o referido Ildeberto, foram adjudicados em comum com a viúva, sua mãe, Ofélia Hercília.

19.º

Os bens assim adjudicados naquele inventário vieram à posse do finado Ildeberto pela doação que seu pai Juvenal e sua mãe Idalécia lhe fizeram a 10 de Março de 1962, bem como pela partilha que, por morte da referida Idalécia, foi outorgada entre o dito Ildeberto e seu pai Juvenal, o aqui Inventariado.

20.º

Sendo que ainda outros foram pelo Ildeberto adquiridos por compra que deles fez a terceiros.

21.º

Os opoentes registaram todos estes bens em seu nome.

22.º

Tendo entrado imediatamente na posse dos mesmos e exercendo sobre eles todos os poderes que integram o direito de propriedade plena.

23.º

A referida posse é titulada, porque fundada quer no inventário obrigatório que correu seus termos, quer nas aquisições a terceiros.

24.º

É de boa-fé, porque os actuais possuidores e aqui opoentes, ignoram que seus pais e avós tenham lesado o direito de outrém.

25.º

Pacífica, porque se exerce sem violência.

26.º

E pública, porque exercida à vista de toda a gente.

27.º

Continuada, dado que os opoentes, por si e pelos seus ante-possuidores, a vêm exercendo ostensivamente, sem interrupção nem oposição de quem quer que seja.

28.º

Actual, porque assim se mantém.

29.º

Posse que se tem assim exercido e mantido há mais de 20 anos pelos opoentes e que lhes faculta a aquisição do direito de propriedade plena adquirida por usucapião, nos termos do art. 1296.º do Código Civil.

30.º

O autor da herança, Juvenal Ribeiro da Silva, bem como sua mulher Idalécia, doaram os seus bens ao filho único do casal, tal como os pais daquele o haviam feito.

31.º

Bens que foram partilhados à morte do primeiro que faleceu, a dita Idalécia.

32.º

Assim se concluindo pela inexistência de bens a partilhar, como declarou o cabeça de casal Nero Ramos Ferreira da Silva.

33.º

Pelo que não há fundamento para prossecução do requerido inventário, nos termos do art. 1326.º do Código de Processo Civil.

TERMOS EM QUE, face à prova produzida, deve o presente inventário improceder, por infundado de facto e, consequentemente, de Direito.

✓ Reclamação quanto à inexactidão e ausência da relação de bens

Exmo Sr.
Dr Juiz do ... Juízo
do Tribunal da Comarca
do Porto

Proc. n.º 9/99
Inventário

Violante Maria Paupério da Silva, Requerente nos autos em epígrafe identificados, notificada que foi da Oposição deduzida pelos requeridos, vem, nos termos e para os efeitos do disposto nos art.s 1348.º e ss do C.P.C.,

Reclamar contra a inexactidão e ausência da relação de bens a que o cabeça de casal Nero Ramos Ferreira da Silva está obrigado a apresentar,

Para tanto dizendo o seguinte:

1.º

Como se alcança destes mesmos autos, a fls ..., é o próprio cabeça de casal quem declara que "*o inventariado não deixou testamento, doação, qualquer disposição legal de última vontade, nem tão pouco bens ...* ".

2.º

Para agora, deduzir oposição nos termos em que o faz.

3.º

Como já alegado, foi à Requerente reconhecida a sua legítima filiação em relação ao inventariado Juvenal, por Acórdão do S.T.J..

4.º

Filiação que se provou ter sido sempre do conhecimento público, neste se incluindo os aqui Requeridos e toda a sua família.

5.º

Facto que terá motivado que, em 1962, o inventariado Juvenal e mulher, tivessem doado os seus bens ao filho único do casal, o Ildeberto.

6.º

Cumpre dizer que os Requeridos, em todo o seu articulado de oposição, mais não fizeram do que justificar o injustificável, ou seja, considerar que, pese embora existir dois filhos do Juvenal, a saber o falecido Ildeberto e a aqui Requerente Violante Maria, só ao primeiro reputam caber o direito à herança aberta por morte do dito Juvenal.

7.º

Por via da referida doação de 1962, o casal Juvenal-Idalécia doou ao filho de ambos, Ildeberto, todo o seu património, quer por conta da quota disponível da ambos, quer por conta da legítima do referido Ildeberto.

8.º

Tal doação ofendeu a legítima da aqui Requerente, nos termos do disposto no art. 2159.º do Código Civil.

9.º

E porque se desconhece a existência de quaisquer outros bens, para além dos que integram a doação, à Requerente

Violante Maria cabe uma sexta parte dos bens que constituíram o património comum do casal, de harmonia com o preceituado no n.º 2 do mesmo art. 2159.º do C.C..

10.º

Posto que ao inventariado Juvenal pertencia metade dos bens doados.

11.º

O inventariado não poderia ter disposto, por força da sua quota disponível, de mais de um terço dos seus bens.

12.º

O que não se verificou, ao doar todos os descritos bens ao filho Ildeberto.

13.º

Esta liberalidade, consequentemente, é inoficiosa, nos termos do art. 2168.º do C.C..

14.º

Sendo redutível, por força do n.º 2 do art. 1376.º do mesmo diploma normativo.

15.º

Pelo que é este processo de inventário o meio ideal para se proceder a tal redução oficiosa.

16.º

De resto, e como já se sustentou, é de presumir que muitos mais bens haja para partilhar.

17.º

Tanto mais que foi o próprio cabeça de casal quem, no art. 13.º da sua oposição, admitiu que o casal Juvenal-Idalécia comprou duas parcelas de terreno, à margem de uma nova estrada, para aí instalarem o posto de abastecimento de combustíveis.

18.º

O referido posto de abastecimento – e esta é que é a verdade – é, por isso mesmo, mais um bem que deverá integrar a relação de bens e a massa da herança aberta por morte do aqui inventariado.

19.º

Porquanto, nunca foi propriedade exclusiva do pré-defunto filho do Juvenal, o Ildeberto, como sustentam os Requeridos, no art. 14.º da sua oposição.

20.º

Presume ainda a Requerente que seu pai terá sido titular de contas de depósito bancário, já que a actividade de revenda de combustíveis é geradora de grandes disponibilidades financeiras.

21.º

Acresce que o inventariado sempre foi pessoa muito abastada, detentor de muitos bens imóveis e com umas posses muito acima da média, sendo reputado, no seu meio social, como pessoa rica.

22.º

Em face de tudo o atrás exposto, se requer que o cabeça de casal elabore e apresente, como é de seu dever, a competente relação de bens, sem qualquer omissão ou sem sonegar o que quer que seja, sob pena de lhe poderem ser aplicadas as sanções legalmente previstas.

NESTES TERMOS, e nos melhores de Direito, se requer a junção aos respectivos autos desta Reclamação, seguindo-se os ulteriores termos até final.

✓ Decisão de suspensão do Inventário até apreciação definitiva da excepção da usucapião, com remessa para os meios comuns.

TRIBUNAL JUDICIAL DA COMARCA DO PORTO

Violante Maria Paupério da Silva, Requerente nos autos de inventário instaurados por óbito de Juvenal Ribeiro da Silva, notificada do teor das declarações do cabeça de casal Nero Ramos Ferreira da Silva, nas quais o mesmo declara a inexistência de bens a partilhar, deduziu oposição, nos termos do art. 1343.º e ss. do C.P.C. alegando, em síntese, a doação dos bens do inventariado a seu filho Ildeberto Ferreira da Silva, por escritura lavrada no Cartório Notarial de ..., junta aos autos a fls ..., cujo teor se dá por reproduzido; sucessivas partilhas realizadas por óbito de Idalécia Ferreira da Silva, mulher do ora inventariado, e por óbito do filho do inventariado, Ildeberto Ferreira da Silva; pela verificação dos sucessivos óbitos terem os sucessíveis procedido à partilha dos bens descritos.

O cabeça de casal, respondendo à oposição deduzida pela Requerente, reiterou a inexistência de bens a partilhar, mais alegando, em síntese, ser a doação anterior à data da sentença judicial de reconhecimento da paternidade, desconhecendo doadores e donatários a existência de outra filha do ora inventariado Juvenal Ribeiro da Silva. Mais alegou a usucapião dos bens que advieram ao património de Ildeberto Ferreira da Silva e, posteriormente, por óbito deste, ingressaram no património do cabeça de casal, de sua mãe e irmã.

Cumpre decidir da procedência ou improcedência da oposição deduzida.

Requerente e cabeça de casal apresentaram documentos que se reputam por suficientes para habilitar a decidir sobre a existência ou inexistência de bens a partilhar.

Como alega o cabeça de casal, por partilha extrajudicial lavrada por escritura de 27.10.70, no Cartório Notarial de ...., realizada por óbito de Idalécia Ferreira da Silva, os bens que integravam o acervo hereditário foram adjudicados na totalidade a Ildeberto Ferreira da Silva, assim como a meação que, por direito próprio, pertencia ao aqui inventariado Juvenal Ribeiro da Silva, pagando aquele tornas ao cônjuge da Idalécia Ferreira da Silva, e ora inventariado.

Assim sendo, os bens constantes da escritura de fls ... não poderão ser considerados como sendo bens que devam integrar o acervo hereditário do aqui inventariado; uma vez que a sua meação nos bens comuns do casal foi preenchida em dinheiro pelo pagamento das tornas, os bens ingressaram no património de seu filho, deixando de integrar o património do inventariado.

Tendo ingressado no património do *de cujus*, em substituição dos bens que por direito próprio lhe pertenciam, só esse poderia vir a fazer parte do acervo hereditário. Atendendo ao tempo decorrido desde aquela data até à verificação do óbito de Juvenal Ferreira da Silva e à quantia liquidada por Ildeberto Ferreira da Silva, é verosímil que o inventariado tenha dispendido o total daquela quantia em proveito próprio, nomeadamente com as despesas comuns à sobrevivência de qualquer pessoa.

Pelo exposto, e quanto aos bens objecto de partilha constantes da escritura pública de fls ... dos autos, considera-se que os mesmos não poderão integrar o acervo hereditário do inventariado.

Relativamente aos bens objecto da doação por parte de Juvenal Ribeiro da Silva, e sua mulher Idalécia Ferreira da Silva, sempre se dirá, pese embora tal doação ser cerca de 20 anos anterior ao reconhecimento judicial da paternidade da inventariante, o decurso do prazo não terá, a este título, a virtualidade de afastar os bens doados do património hereditário.

Parte II – Da Partilha Judicial

O estabelecimento da paternidade, embora não sendo contemporâneo da elaboração do assento de nascimento, e mesmo ocorrendo pela via do reconhecimento judicial, retroage à data do nascimento, como resulta do disposto no art. 1797.º, n.º 2 do C. Civil. Retroagindo à data do nascimento, a filiação assim estabelecida terá, necessariamente, efeitos sobre a sucessão nas relações patrimoniais; por tal facto, estatui o art. 1819.º, *ex vi* do art. 1873.º, ambos do C. Civil, que quem tem legitimidade passiva para a acção de investigação de paternidade são "os descendentes, ascendentes ou irmãos", estatuindo no seu n.º 2 a legitimidade passiva dos herdeiros ou legatários, cujos direitos possam ser atingidos pela procedência da acção.

Dispõe o art. 2110.º do C. Civil, no seu n.º 1, que "Está sujeito a colação tudo quanto o falecido tiver dispendido gratuitamente em proveito dos descendentes.". Por outro lado, o art. 2133.º, n.º 1 do C. Civil estatui que quando não haja lugar à colação, a doação é imputada na quota disponível. *In casu*, os doadores nada disseram no momento da doação, pelo que se deve entender que aquela doação não está dispensada da colação, tendo sido efectuada por conta da legítima, e deverá ser imputada na quota indisponível (neste sentido José de Oliveira Ascenção, in Direito Civil, Sucessões, 4ª Ed., Coimbra Editora, pág. 549).

Sendo imputável na quota disponível e não havendo na herança outros bens que permitam igualar os herdeiros, as doações devem ser reduzidas, por inoficiosas, nos termos do n.º 2 do art. 2108.º e 2168.º do C. Civil.

Deve entender-se, assim, que os bens doados, por ofenderem a legítima da Requerente, estão sujeitos a colação e, por via disso, sujeitos a redução por inoficiosidade, por inexistência de outros bens que permitam igualar a legítima do Requerente e demais herdeiros. Na verdade, o cabeça de casal, sua mãe e irmã, ao sucederem no património de Ildeberto Ferreira da Silva, beneficiaram da doação feita por Juvenal Ferreira da Silva e sua mulher Idalécia, ficando a Requerente prejudicada na sua legítima, por inexistirem outros bens a partilhar.

Pese embora o facto de se dever entender que aquela doação está sujeita à colação e consequente redução por inoficiosidade, o cabeça de casal alegou a verificação da usucapião em relação a cada um dos bens doados.

Do alegado pelo Requerido resulta ser a excepção da usucapião facto extintivo do direito da Requerente à partilha, questão prejudicial à presente acção, de cuja decisão depende a procedência ou improcedência desta.

Não obstante os fundamentos invocados pelos opoentes e sua mãe, no que respeita à usucapião, entende que a apreciação de tal questão exige mais larga, variada e cuidada indagação do que a sumária instrução do inventário, atenta a sua complexidade. Na verdade, pese embora o facto de a posse de Ildeberto Ferreira da Silva ter sido uma posse titulada, atendendo à especificidade do caso dos autos e ao disposto no art. 1292.º do C. Civil, no que respeita à aplicação das regras de suspensão e interrupção da prescrição à usucapião, entendo serem os meios comuns os próprios para decidir de tal questão, atenta a prova que se afigura como de necessária produção.

Pelo exposto, decido suspender a instância até que ocorra decisão definitiva sobre a questão incidental da usucapião (art. 1335.º, n.º 1 do C.P.C.).

Partilha de bens em alguns casos especiais

Estabelece o art. 1404.º do C.P.C. que, no caso de separação judicial ou divórcio e no de declaração de nulidade ou anulação do casamento, pode também haver lugar a processo de inventário, caso os cônjuges não acordem quanto à forma de partilhar os bens comuns do dissolvido ou anulado casamento.

Como já se disse, o cabeçalato caberá ao cônjuge mais velho, nos termos do n.º 2 do citado preceito normativo e o inventário correrá por apenso ao processo principal, no demais se aplicando todas as regras relativas ao inventário requerido para partilha por morte.

Quanto à **separação judicial de bens**, esta vem regulada no Capítulo XI do Código Civil. Esta acção tem sempre carácter litigioso, posto que se funda no perigo de um cônjuge perder o que é seu pela má administração do outro cônjuge, donde deverá ser intentada nos tribunais competentes em razão da matéria e do território.

Quando o casal pretenda unicamente a separação judicial de bens, tem aplicação a regra contida no art. 1406.º do C.P.C.. Como já se disse, este processo tem lugar sempre que um dos cônjuges receie perder o que é seu em virtude da má administração do outro, sendo de relevar ainda os casos em que, havendo uma execução, um deles pretenda acautelar a sua meação, pelo que requererá o competente inventário, com vista à desejada separação de bens.

Tendo em vista ilustrar algumas peças integradoras de um processo de inventário em casos especiais, juntamos, de seguida, um requerimento para partilha, uma decisão judicial de nomeação de cabeça-de-casal e uma relação de bens do dissolvido casal que, no nosso entendimento, evidencia as especialidades do processo. No demais, e como já se disse, segue-se os termos do inventário comum.

✓ Requerimento para partilha

Exmo Sr
Dr. Juiz de Direito
Do Tribunal de Família e Menores
da Comarca de ....

Proc. N.º ..../.....
1º Juízo

Maria de Fé Pacheco Lima, divorciada, professora, residente na Urbanização de Lagos, Bloco C, Casa 22, da freguesia de Cedofeita, na cidade do Porto, vem, nos termos e para os efeitos do disposto nos art.s 1404º e ss. do C.P.C.,

Requerer a abertura de Processo de Inventário,

Em que é Requerido Mário Luís Branco Cunha, divorciado, advogado, residente na Rua do Sul, 33, na cidade do Porto,

O que faz nos termos e com base nos seguintes fundamentos:

1º

A Requerente divorciou-se do requerido em 2 de Maio de 2004.

2º

O decretado divórcio resultou da conversão do divórcio litigioso, por aquela intentado neste Juízo, em divórcio por mútuo consentimento.

3º

Até à presente data, e pese embora os esforços tendentes a uma partilha extra-judicial, estão ainda por partilhar todos os bens comuns do dissolvido casal.

Parte II – Da Partilha Judicial

NESTES TERMOS, e com o propósito de os partilhar, Requer a V. Exa se digne ordenar a abertura do processo de Inventário.

Mais Requer a nomeação da Requerente para cabeça-de-casal, em conformidade com o disposto no n.º 2 do art. 1404º do C.P.C, seguindo--se os ulteriores termos do processo.

VALOR:

JUNTA:

O ADVOGADO:

✓ Despacho a nomear cabeça-de-casal o cônjuge mais velho

Contrariamente ao que alega a requerente, resulta claramente dos teor dos documentos juntos no apenso ao divórcio (certidão de casamento do casal e de nascimento dos filhos) que o Requerido é o cônjuge mais velho, pelo que deverá ser ele a exercer o cargo de cabeça-de-casal.

Pelo exposto se indefere a pretensão da Requerente, no sentido de vir a ser ele o cabeça-de-casal.

Notifique.

Para exercer o cargo de cabeça-de-casal nomeio o Requerido, que deverá prestar juramento e declarações iniciais, neste Tribunal, no próximo dia .... de ...., pelas ....horas.

Cite com a expressa advertência do disposto no art. 1340º do C.P.C.

Parte II – Da Partilha Judicial

✓ Relação de bens

Exmo Sr.
Dr. Juiz do 1º Juízo do
Tribunal de Família e Menores de ....

Proc. n.º ...../.......
Inventário/Partilha de Bens em Casos Especiais

Mário Luís Branco Cunha, Requerido nestes autos de Inventário/Partilha que lhe move Maria de Fé Pacheco Lima, notificado do teor do despacho de fls ..., pelo qual foi nomeado para o exercício das funções de cabeça-de-casal, nos termos do n.º 2 do art. 1404º do CPC, bem como para dar cumprimento ao disposto no art. 1340º, do mesmo diploma legal, vem apresentar

RELAÇÃO DE BENS DO CASAL DISSOLVIDO, o que faz nos termos e para os efeitos do disposto no art. 1345º do CPC, os quais vão relacionados ao diante:

ACTIVO

DIREITOS DE CRÉDITO

VERBA N.º 1

Uma conta de depósito à ordem aberta no Banco ....,
SA (Balcão .....) com o N.I.B .... e o nº ....,
no valor de € .... (........... mil .... Euro,

.... cêntimos), valor este reportado à data de 28 de Outubro de 2004, em que são primeiro titular o aqui Requerente e segunda titular a Requerida, conforme melhor resulta da cópia que se junta e se dá por integrada, para todos os legais efeitos (Doc. n.º 1) ....€...........

VERBA N.º 2

Uma conta de Depósitos de Poupança/Habitação, igualmente aberta no Banco .... (Balcão ....), em que são primeiro titular o aqui Requerente e segunda titular a Requerida, com o nº ...., com um saldo que, à mesma data de 28 de Outubro de 2004, era de € .... (........ mil e .... Euro, ... cêntimos), evidenciado no doc. n.º 2, que também aqui se junta e se dá por reproduzido, para todos os legais efeitos...........€...............

SOMAM AS VERBAS N.ºs 1 E 2....................€ ....

TÍTULOS DE CRÉDITO

VERBA N.º 3

Uma carteira de Acções da ....,SGPS, no valor global de ....€, (...................... Euro, ... cêntimos) ....€ ....

VERBA N.º 4

Fundos de investimento, no valor global de € .... (..................Euro, ... cêntimos) com o nº ...., como resulta do Doc. n.º ..., ...€ ....

SOMAM AS VERBAS N.ºs 3 e 4 ....€ ....

OBJECTOS DE OURO,
PRATA E PEDRAS PRECIOSAS E SEMELHANTES

VERBA N.º 5

Uma volta de ouro, com pulseira e brincos a jogo, oferecidas pelo Requerido à Requerente, e na posse desta, que se estima em........................... ... ... € ....

VERBA N.º 6

Um relógio de bolso, com caixa e corrente em prata, na posse do Requerido, cujo valor é estimado em... ....€ ....

SOMAM AS VERBAS N.ºS 5 e 6 ....€ ....

BENS MÓVEIS

VERBA N.º 7

Uma colecção de moedas antigas, comemorativas, em prata, composta por cerca de 500 moedas, na posse da Requerente, cujo valor se estima em ....€ ....

VERBA N.º 8

Nesta Verba se inclui **todo o recheio da casa de morada de família** sita na Urbanização dos Lagos, Bloco C, casa 22, da freguesia de Cedofeita, do concelho do Porto, nos termos do disposto no n.º 4 do art. 1345º do CPC, **onde reside actualmente a Requerente.**

A-**Uma mobília de sala de jantar**, em madeira de cor castanha escura, estilo antigo, composta por um louçeiro com tampo de mármore e alçado, uma mesa redonda e extensível, com seis cadeiras de madeira com estofos em couro ....€ ....

B-**Uma mobília de quarto de casal** em pinho maciço de cor clara de estilo moderno, composta por roupeiro, com dois módulos independentes, duas mesinhas de cabeceira, uma cómoda com gavetas, uma cama com estrado e colchão novo e uma cadeira...€ ....

C-**Terno de sofás,** em pele genuína preta, composto por um sofá-cama de dois lugares e meio e dois sofás de um lugar................................ .... € ....

D-**Um móvel pequeno** para livros, em madeira escura com prateleira e gaveta que se encontra no *hall* ....€ ....

E-**Um candeeiro de leitura de pé alto** com braço articulável em aço inox.. € ....

F-Um **puff** grande em pele de cor mel escura...........€ ....

G-**Uma mesa** de granito cinzento composta por três peças ....€ ....

H-**Uma mesa de cozinha** com tampo de forma rectangular de cor branca e pernas metálicas grossas, com duas abas extensíveis.. € ....

I-**Um televisor,** com um grande ecrã, de sala comum e o respectivo móvel, este de cor preta e com uma frente em vidro escuro para colocar o vídeo e as cassetes..............€ ....

J-Uma máquina de lavar roupa nova com capacidade para uma carga de seis quilos com o programa de lavagem à mão.. .....€ ....

L-Uma placa de fogão, a gás, encastrada...........€ ....

M-Uma máquina de lavar a louça ....€ ....

N-Um forno eléctrico com múltiplas funções...........€ ....

O-Um grande **frigorifico compacto**, com congelador com três gavetas.. ...€ ....

P- 2 Serviços de sala de jantar, Vista Alegre, ...€ ....

Q-3 Serviços de copos, em cristal....................€ ....

R- 1 Faqueiro completo Cutipol........................€ ....

S- 4 Cadeiras espreguiçadeiras de jardim......... ... € ....

T- Ferramenta, de toda a variedade, com o berbequim Black & Decker, brocas, máquina de aparafusar, parafusos, alicates, martelos, limas, pregos, desandadores, banca de carpintaria, pincéis, latas de tinta, etc. que se encontram na arrecadação da garagem privativa da habitação ....€ ....

U - Dois quadros pintados a óleo.................€ ....

SOMAM AS VERBAS N.ºs 7 e 8....................€ ....

BENS MÓVEIS SUJEITOS A REGISTO

VERBA N.º 9

Um **automóvel ligeiro de passageiros**, marca ....., modelo ...., a diesel, de cor preta metalizada, de 2000, com matrícula ...., que está na posse da Requerente, cujo valor se estima em..€ ....

VERBA N.º 10

Um automóvel ligeiro de passageiros, da marca ...., a gasolina, de cor preta, com matrícula .... e com a cilindrada ...., de 1997, que se encontra na posse do cabeça-de-casal, cujo valor se estima em .... € ....

SOMAM AS VERBAS N.ºs 9 e 10.....................€ ....

BENS IMÓVEIS

VERBA N.º 11

Uma habitação, Tipo T2, com logradouro ajardinado na frente, com lugar de aparcamento e uma arrecadação, situada na Urbanização de Lagos, Bloco C, casa 22, da freguesia de Cedofeita, no concelho do Porto, descrita na competente Conservatória do Registo Predial sob o n.º ...., definitivamente registada a favor dos ex-cônjuges pela inscrição G-um (Doc. n.º ...) sobre a qual pende uma hipoteca a favor do Banco ...., SA, registada pela inscrição C-dois, com o valor patrimonial tributário de........... ... ...€ ....

TOTAL DO ACTIVO.................................. ...€ ....

Parte II – Da Partilha Judicial　　83

PASSIVO

VERBA N.º 1

Deve o dissolvido casal ao Banco .... SA, por força de contrato de mútuo celebrado com esta entidade bancária para a aquisição da casa de habitação supra identificada a quantia de .... Euro (............ mil .... Euro, ... cêntimos), saldo devedor reportado à data de .... de .... de 2004, conforme declaração bancária que se junta sob o Doc. n.º ..., que se dá por inteiramente reproduzido, para todos os legais efeitos.

VALOR DO PASSIVO .... Euro

Diz ainda o cabeça-de-casal que:

O dissolvido casal contraiu casamento sob o regime da Comunhão Geral, nos termos da convenção antenupcial que outorgou, em ... de ...... de 1972, no .... Cartório Notarial do Porto, como melhor se alcança da Certidão que se junta e se dá por integrada, para todos os legais efeitos (Doc. n.º ....).

> NESTES TERMOS, nos melhores de Direito e com o sempre mui douto suprimento de V. Exa, Requer que a presente Relação de Bens seja junta aos respectivos autos, seguindo-se os ulteriores termos até final.

JUNTA: ... documentos

VÃO: Legais duplicados

VALOR: .... Euro (.................. mil .... Euro, ... cêntimos)

O CABEÇA-DE-CASAL:

PARTE III

DA PARTILHA EXTRAJUDICIAL

4. DA PARTILHA EXTRAJUDICIAL

Em toda a obra apontamos para o recurso, sempre que possível, à partilha extrajudicial.

Reputamos ser esta a via mais célere e mais económica para pôr termo a uma comunhão conjugal ou hereditária, como sustentamos ao longo deste trabalho.

Assim, desde que haja acordo entre as partes e se torne legalmente possível, como adiante veremos, será de privilegiar a partilha por via notarial.

Como se referiu, e sem prejuízo das especialidades contidas nos preceitos normativos que disciplinam a partilha no caso da herança ser deferida a menores, incapazes e ausentes, o recurso à via extrajudicial é sempre possível desde que todos os interessados tenham chegado a acordo quanto à divisão dos bens ou do património a partilhar.

Assim sendo, a partilha extrajudicial assume a maior relevância enquanto modalidade consensual e afastada de toda a carga litigiosa que, vulgarmente, acompanha a tramitação do processo especial de Inventário. Nesta perspectiva, a partilha configura mesmo a forma que a lei faculta aos interessados para "auto-regularem" as suas esferas jurídicas, disciplinando os seus interesses individuais ou colectivos com relativa flexibilidade, assim se dirimindo qualquer conflito potencial.

Para tanto, torna-se necessário que as partes interessadas e envolvidas no acto da partilha se encontrem num plano de convergência, facto que, à *priori,* pode ser configurável numa acção de divórcio ou de separação judicial de pessoas e bens.

4.1. PARTILHA SUBSEQUENTE AO DIVÓRCIO E À SEPARAÇÃO DE PESSOAS E BENS

4.1.1. CONSIDERAÇÕES SOBRE O DIVÓRCIO E A SEPARAÇÃO DE PESSOAS E BENS

- Disciplina normativa actual
- Da competência exclusiva das Conservatórias do Registo Civil
- Dos acordos

Como se sabe, *"o divórcio pode ser por mútuo consentimento ou litigioso".* Assim dispõe o art. 1773.º do Código Civil.

Na actualidade, e por força das alterações introduzidas pelo Dec.-Lei n.º 272/2001, de 13 de Outubro, o divórcio e a separação de pessoas e bens por mútuo consentimento passaram a ser da competência material exclusiva das Conservatórias do Registo Civil, às quais compete instruir os competentes processos, mediante requerimento apresentado pelos cônjuges ou seus procuradores (art. 12.º do citado diploma legal).

Exceptua-se do campo de aplicação deste diploma todo e qualquer divórcio ou separação judicial que tenham sido intentados na sua forma litigiosa e se tenham convertido, na pendência do processo, em acções por mútuo acordo, como de resto é frequente na prática forense, caso em que serão os Tribunais as entidades competentes para a apreciação das causas, nos termos do C.P.C..

Com a entrada em vigor daquele Dec.-Lei, foram revogados o art. 1777.º do C.C., bem como os art.s 1414.º, 1414.º-A, 1418.º e 1423.º, todos do C.P.C., aludindo o primeiro normativo à segunda conferência, e os demais à *"Privação do direito ao uso dos apelidos do outro cônjuge"*, à *"Autorização judicial de uso dos apelidos do ex-cônjuge"* à *"Reconciliação dos cônjuges separados"* e à *"Nova Conferência-Separação ou divórcio definitivo"*, matérias que são hoje reservadas, nos termos do disposto nos arts. 5.º e 12.º do citado Dec.-Lei, às Conservatórias do Registo Civil ou, pura e simplesmente, dizem respeito a procedimentos revogados, como é o caso da segunda conferência em acção de divórcio por mútuo consentimento, a qual deixou de ser necessária.

No tocante à competência territorial, os cônjuges podem optar entre a Conservatória da área de residência de qualquer um deles, bem como fixar, por acordo, aquela onde decorrerá o seu processo, ao abrigo do princípio que consagra o foro convencional (art. 100.º do C.P.C.).

Com a reforma introduzida por via do citado Dec.-Lei n.º 272/2001, no domínio destes processos de jurisdição voluntária não cabe agora aos Tribunais de 1ª Instância, mormente aos Tribunais de Família, a apreciação da causa nem a respectiva decisão.

Acometem-se, sim, ao Conservador do Registo Civil, as competências e atribuições para decidir nos pedidos relativos às seguintes matérias:
- Alimentos a filhos maiores ou emancipados;
- Atribuição da casa de morada de família;
- Privação do direito ao uso dos apelidos do outro cônjuge;
- Autorização de uso dos apelidos do ex-cônjuge;
- Conversão de separação judicial de pessoas e bens em divórcio.

Assim, no que se refere ao processo de separação de pessoas e bens ou ao divórcio por mútuo consentimento, **os cônjuges, só poderão intentar a acção quando se encontrem devidamente acordados em matéria de:**

- **Prestação de alimentos;**
- **Destino da casa de morada de família;**
- **Exercício do poder paternal, quando haja filhos menores.**

Verificados estes requisitos, apresentam, conjuntamente com esses acordos, a **relação especificada dos bens comuns,** se existirem, com indicação dos respectivos valores, bem como o seu requerimento, acompanhado dos demais elementos e documentos a que alude o n.º 1 do art. 272.º do Código do Registo Civil, e que são:

- Certidão da cópia integral do registo de casamento;
- Certidão da sentença judicial pela qual foi regulado o exercício do poder paternal relativamente aos filhos menores do casal, quando esta regulação seja anterior ao requerimento de divórcio ou separação;
- Certidão da convenção antenupcial, se esta tiver sido celebrada.

Quando o pedido de divórcio ou separação de pessoas e bens seja apresentado sem que se mostre previamente regulado o exercício do poder paternal em relação a filhos menores, o processo será instruído com o competente acordo, referente a este exercício, o qual será remetido oficiosamente ao representante do Ministério Público junto do Tribunal Judicial de 1ª Instância competente em razão da matéria, da área da circunscrição da Conservatória do Registo Civil, por forma a que este se pronuncie, no prazo de 30 dias, sobre o seu teor, designadamente se considera devidamente acautelados, ou não, os interesses dos menores.

Só após cumprida esta formalidade é que será fixada data para a realização da **conferência única**. Se não for possível conciliar os cônjuges, o divórcio ou a separação de pessoas e bens é decretado.

Este poder funcional pode ser **exercido de comum acordo por ambos os progenitores** que, embora divorciados, continuarão a decidir sobre as questões essenciais da vida dos filhos menores do casal como se continuassem casados, como dispõe o n.º 1 do art. 1906º do Código Civil.

Para tanto, torna-se absolutamente imprescindível que mantenham uma relação de franca cordialidade e abertura, já que o exercício do poder paternal nestas condições de paridade assim o exige.

Na ausência de acordo entre os progenitores, caberá ao Tribunal decidir, fundamentamente, a quem caberá o exercício do poder paternal, sendo certo que ao progenitor, a quem ele não ficar atribuído, sempre assistirá o direito de vigiar a educação e as demais condições de vida que são proporcionadas ao menor pelo progenitor a quem esse poder foi judicialmente confiado.

A decisão que regula ou homologa o acordo relativo ao exercício do poder paternal **é oficiosamente comunicada à Conservatória do Registo Civil competente, para aí ser registada** (al. a) do art. 1920.º-B do C.C.)

Devemos, ainda, fazer aqui uma breve referência aos **alimentos devidos a filhos maiores**. Estabelece o art. 1880º, conjugado com o art. 1879.º, ambos do C.C. que, no caso de um filho atingir a **maioridade ou for emancipado sem ter ainda completado a sua formação profissional**, os pais continuarão obrigados a prover ao seu sustento e a assumir as despesas relativas à sua segurança, saúde e educação, *"na medida em que for razoável exigir aos pais o seu cumprimento e pelo tempo normalmente requerido para que aquela formação se complete"*.

Decorre da interpretação literal deste preceito que, quando haja filho maior ou emancipado que, **por não possuir rendimentos de trabalho, ou quaisquer outros,** para suportar as despesas decorrentes do seu trajecto formativo, tem este a legitimidade para reclamar de seus pais o cumprimento desta obrigação de alimentos.

Com esta disciplina visa-se acautelar as legítimas expectativas de um filho que, sem este apoio dos pais, poderá ver cerceada a possibilidade de concluir a sua formação académica ou profissional, assim se tutelando este interesse superior, com o respeito pelo princípio básico da capacidade económica dos progenitores para suportar tais despesas e, como expressamente refere a lei, *"pelo tempo normalmente requerido para que aquela formação se complete"*.

Integra-se nesta previsão todo e qualquer filho que, sendo diligente e aplicado no seu processo de formação académica, científica ou profissional, careça desta ajuda, podendo reclamar o cumprimento coercivo desta obrigação.

Actualmente, por força do Dec.-Lei n.º 272/2001, de 13 de Outubro, este **pedido de alimentos deverá ser apresentado na Conservatória do Registo Civil da área da residência do requerido** (al. a) do n.º 1 do art. 6.º do C.R.C.). Este pedido deverá ser fundamentado, de facto e de direito, juntando-se ainda ao requerimento toda a prova documental, bem como deverá indicar-se os demais elementos de prova tidos como necessários à futura e eventual apreciação judicial da lide.

Parte III – Da Partilha Extrajudicial 93

Isto porque, sendo o pedido apresentado na Conservatória do Registo Civil, aqui não se esgota a tramitação do processo quando não possa ser obtido o acordo das partes quanto ao valor dos alimentos.

Com efeito, uma vez apresentado o requerimento, o **requerido é citado para, no prazo de 15 dias, apresentar oposição, querendo**, indicando os seus meios probatórios. Quando não o faça, considerar-se-ão confessados os factos alegados pelo Requerente e o Conservador declarará a acção procedente.

Em caso de dedução de oposição, será marcada uma **tentativa de conciliação,** a realizar entre as partes no prazo de 15 dias e que, também ela, poderá vir a frustrar-se.

Neste último caso, ou seja, na **impossibilidade de as partes chegarem a acordo**, restará ao Conservador notificá-las para, no prazo de 8 dias, alegarem e requererem novos meios de prova, após o que instruirá o processo, a fim de o **remeter ao Tribunal Judicial de 1ª Instância** competente em razão da matéria e no âmbito da circunscrição a que pertence a Conservatória.

Assim, o processo finda no Tribunal de Família territorialmente competente, onde se produzirá a prova em audiência de julgamento, aplicando-se nesta fase, e com as devidas adaptações, o disposto nos art.s 1409.º a 1441.º do Código do Processo Civil (processos de jurisdição voluntária).

Dada a importância sociológica deste processo, juntamos, mais à frente, uma minuta de requerimento para acção de alimentos, deduzida por filho maior.

✓ Requerimento para divórcio – com filhos maiores e sem bens a partilhar

Exmo Senhor
Conservador do Registo Civil
de Vila Verde

BENEDITA BORGES SANHUDO, casada, desempregada, residente na Rua da Alegria, 339, na cidade de Braga,
E
GERMANO SILVA SANHUDO, casado, reformado e igualmente residente na supra indicada morada, da mesma cidade, vêm propor
DIVÓRCIO POR MÚTUO CONSENTIMENTO, o que fazem nos termos e com os fundamentos que seguem:

1.º

Os requerentes contraíram, em 10 de Agosto de 1971, casamento católico, sem convenção antenupcial, como melhor resulta do assento de casamento n.º 1010, que se junta sob o Doc. n.º 1.

2.º

Deste casamento existem dois filhos, de seu nome Rodrigo Borges Sanhudo, nascido em 10 de Dezembro de 1972 e Inocêncio Borges Sanhudo, nascido em 29 de Dezembro de 1977, pelo que são ambos maiores (Cfr. assentos de nascimento n.ºs 152 e 324, juntos sob os Doc.s 2 e 3).

3.º

Por motivos de ordem vária os aqui Requerentes, embora residam na mesma casa de morada de família, já não convivem como mulher e marido, tendo, inclusivamente, cessado toda a sua vida conjugal, designadamente a comunhão de mesa e leito.

Parte III – Da Partilha Extrajudicial

4.º

Este clima, que perdura já sensivelmente desde finais de 2001, tem vindo a agravar-se, provocando a degradação das relações entre ambos os Requerentes.

5.º

Assim sendo, pretendem dissolver o celebrado casamento, porquanto não se lhes afigura possível a manutenção do seu vínculo conjugal.

6.º

Ambos os Requerentes **não carecem de alimentos**.

7.º

Dada a maioridade dos filhos do casal, não há lugar a qualquer acordo referente a alimentos a estes devidos nem a regime de visitas, em sede de regulação do exercício do poder paternal.

8.º

Não há bens imóveis a partilhar e os bens móveis foram já partilhados entre ambos.

9.º

Quanto à casa de morada de família, acordam os Requerentes nos precisos termos do Acordo que se anexa sob o Doc. n.º 4.

10.º

Os requerentes acordam em instaurar a presente acção na Conservatória do Registo Civil de Vila Verde, ao abrigo do disposto no n.º 2 do art. 271.º do Código do Registo Civil.

NESTES TERMOS, e nos melhores de Direito, requerem a V. Exª se digne fixar dia e hora para a realização da Conferência a que alude o n.º 3 do art. 14.º
do Dec.-Lei n.º 272/2001, de 13 de Outubro, sendo
decretado o seu divórcio.

VALOR: .... € (........ mil .... Euros
.... cêntimos)

JUNTA: 4 Documentos

VÃO: Legais duplicados

A Requerente:

O Requerente:

Parte III – Da Partilha Extrajudicial

✓ Acordo relativo à casa de morada de família- -casa arrendada

Doc. n.º 4

Benedita Borges Sanhudo e marido, Germano Borges Sanhudo, acordam relativamente à casa de morada de família sita na Rua da Alegria, 339, da cidade de Braga, nos termos seguintes:

1.º

O Requerente marido ficará a residir na casa de morada de família, que foi tomada de arrendamento por este a António Peixinho, actualmente falecido e com último domicílio na Rua dos Marrecos, 442, da freguesia de Gaiteiros, do concelho de Barcelos.

2.º

As rendas vincendas serão pagas, na morada supra indicada, ao cabeça de casal, o cônjuge sobrevivo, de seu nome Hermengarda Peixinho.

A Requerente:

O Requerente:

✓ Acordo relativo à casa de morada de família, casa própria

Doc. n.º 4

Joana Bento Saraiva e marido, Josué Matias Saraiva, acordam, relativamente à casa de morada de família, sita na Rua da Concórdia, 616, 2º Esq.º. traseiras, em Matosinhos, nos termos que seguem:

1.º

Os Requerentes são os donos e legítimos proprietários da fracção autónoma designada pela Letra "K", onde residem, correspondente a uma habitação no segundo andar esquerdo traseiras, com entrada pelo n.º 616 da identificada Rua da Concórdia e, na cave, com entrada pelo n.º 621, da mesma Rua, um lugar de aparcamento e arrumos, do prédio urbano em regime de propriedade horizontal sito na supra indicada Rua da Concórdia, inscrito na competente matriz urbana sob o art. ...., e descrito na Conservatória do Registo Predial sob o n.º ..../........., aí inscrita a seu favor pela inscrição G-dois, sendo que a casa de morada de família é um bem comum do casal;

2.º

Pelo presente acordo, expressamente entre si convencionam que a referida fracção autónoma, actual casa de morada de família, será adjudicada à Requerente mulher, o qual continuará a nela residir.

A REQUERENTE:

O REQUERENTE:

Parte III – Da Partilha Extrajudicial

✓ Requerimento de divórcio – com filhos menores, sem casa de morada de família ou bens para partilhar, com apoio judiciário

Exmo Senhor
Conservador do Registo Civil
de Vila Conde

Com Benefício de Apoio Judiciário

ISALTINA DURÃES FRAGATA, casada, desempregada e residente no "Lar Regaço das Mulheres", sito na Rua dos Pastorinhos, 100, na cidade do Porto,
E
LEOPOLDO FAGUNDES FRAGATA, casado, desempregado, residente no Bairro do Paraíso, Bloco 10, Entrada 2, Casa 4, em Vila do Conde,

Vêm instaurar DIVÓRCIO POR MÚTUO CONSENTIMENTO, nos termos e com os seguintes fundamentos:

1.º

Os Requerentes contraíram, em 29 de Agosto de 1998, casamento civil sem precedência de convenção antenupcial, como se alcança do assento de casamento n.º 222, que se junta sob o Doc. n.º 1.

2.º

Deste casamento existem dois filhos, ambos menores, o Bruno Fagundes Fragata e a Dulcineia Fagundes Fragata, nascidos, respectivamente, em 2 de Fevereiro de 1999 e em 24 de Março de 2001 (Cfr. assentos de nascimento juntos sob os Doc.s n.ºs 2 e 3).

3.º

Por incompatibilidades várias, os Requerentes cessaram a sua coabitação e vida conjugal, encontrando-se separados de facto desde Janeiro de 2002.

4.º

E, porque não têm o propósito de reatar a vida de casal, pretendem dissolver o seu casamento.

5.º

Os Requerentes **não carecem de alimentos**, pelo que reciprocamente deles prescindem.

6.º

O Acordo referente à Regulação do Exercício do Poder Paternal é o constante do Documento que se junta sob o n.º 4.

7.º

Não existem bens comuns, móveis ou imóveis, a partilhar.

8.º

Não existe casa de morada de família.

9.º

À Requerente mulher foi concedido o benefício de apoio judiciário, na modalidade de nomeação e pagamento de honorários do Patrono, bem como de dispensa total do pagamento de taxa de justiça e demais encargos do processo, como resulta da cópia do Processo n.º 3251/02 que se junta sob o Doc. n.º 5.

10.º

Ambos os Requerentes acordam em instaurar esta acção na Conservatória do Registo Civil de Vila do Conde, ao abrigo do disposto no n.º 2 do art. 271.º do Código do Registo Civil.

NESTES TERMOS, Requerem a V. Exª se digne fixar data para a realização da Conferência prevista pelo n.º 3 do art. 14.º do Dec.-Lei n.º 272/2001, de 13 de Outubro, sendo a final decretado o divórcio entre ambos.

VALOR: .... € (.......... mil .... Euros ....
.... cêntimos).

JUNTA: 3 Certidões e documento comprovativo da concessão do Apoio Judiciário à Requerente.

VÃO: Legais duplicados

A Requerente:

O Requerente:

Doc. n.º 4

✓ Acordo relativo ao exercício do poder paternal com regime transitório

ISALTINA DURÃES FRAGATA e marido LEOPOLDO FAGUNDES FRAGATA acordam em regular o exercício do poder paternal em relação aos filhos menores do casal, Bruno e Dulcineia, pela forma que segue:

1.º

Os menores ficam confiados à guarda e cuidado de sua progenitora, a Requerente, à qual competirá o exercício do poder paternal.

2.º

O pai contribuirá, a título de alimentos devidos aos dois menores, com a prestação mensal de 100,00 € (cem Euro), quantia esta que deverá depositar numa conta de depósito bancário, especialmente aberta para o efeito, pela mãe dos menores.

3.º

O valor assim acordado será depositado até ao dia 5 de cada mês a que disser respeito, e a primeira prestação vencer-se-á uma vez proposta a presente acção.

4.º

Em relação ao regime de visitas, desde já acordam no seguinte:

a) Tendo em apreço a tenra idade dos menores e a circunstância de estes não terem praticamente qualquer convivência com o seu progenitor – posto que residem com a mãe no identificado "Ninho das Mulheres" –,

Parte III – Da Partilha Extrajudicial   103

será adoptado um regime transitório que vigorará até ser decretado o divórcio;

b) No decurso deste período, o Requerente deslocar-se-á ao referido domicílio dos menores, pela manhã de todos os Domingos, a fim de os ir buscar, levando-os consigo e devendo entregá-los de novo à mãe até às 21 horas do mesmo dia;

c) Uma vez decorrido este período e que se verifique restabelecida a adequada relação afectiva entre os menores e seu pai, o regime de visitas passará a incluir fins de semana interpolados, podendo os menores dormir em casa do Requerente;

d) Para este efeito, aquele deverá ir buscar os menores aos Sábados, durante toda a manhã, e entregá-los a sua mãe no Domingo, até às 21 horas;

e) No demais relativo a férias escolares e dias festivos, os Requerentes acordarão na melhor forma de promoverem o convívio entre os menores e cada um dos seus progenitores.

A Requerente:

O Requerente:

Doc. n.º 3

✓ Acordo Relativo à Regulação do Exercício do Poder Paternal

Regime Livre

Maria da Luz Silva Teixeira e marido Bernardo Costa Sampaio, Requerentes nestes autos, acordam em regular o exercício do poder paternal em relação ao filho menor do casal, Filipe Teixeira Sampaio, nos seguintes termos:

1.º

O menor fica a residir com a mãe, a Requerente, sem prejuízo do exercício do poder paternal que, por comum acordo, caberá a ambos os progenitores que deverão decidir, consensualmente, todas as questões relativas à vida do filho do casal.

2.º

O pai pagará à mãe, a título de alimentos para o menor, a prestação mensal de 500,00 Euro, quantia que será paga por transferência bancária para a conta de depósito à ordem aberta em nome da Requerente e do filho, no Banco ...., até ao último dia do mês anterior àquele a que disser respeito.

3.º

O abono referente ao filho do casal, será transferido para a mesma conta bancária, uma vez regularizado, junto da Segurança Social, o pedido de pagamento desta prestação em nome de sua mãe, com quem reside o menor.

4.º

Atenta a circunstância de o menor ter já 17 anos, este poderá conviver e encontrar-se com o seu progenitor sempre que

Parte III – Da Partilha Extrajudicial

assim o desejem e entendam, deste modo não se fixando qualquer regime para as visitas e os encontros entre eles;

5.º

O mesmo regime vigorará quanto aos fins-de-semana, períodos de férias escolares e quadras festivas, cabendo ao menor – e tendo em apreço a sua idade que é quase adulta – estabelecer com seu pai o modo como serão repartidos estes períodos.

A REQUERENTE:

O REQUERENTE:

✓ Relação especificada dos bens comuns do casal

MARIA ANUNCIAÇÃO DA LIBERDADE PASCOAIS e marido REBOREDO CALISTO BENEVIDES, Requerentes nesta acção de divórcio por mútuo consentimento, vêm, nos termos e para os efeitos do disposto na al. b) do n.º 1 do art. 272.º do C.R.C., apresentar a Relação Especificada dos Bens Comuns do casal, pela forma e com os valores adiante discriminados.

Assim, do acervo dos bens comuns a partilhar, dos subsequentemente à dissolução do casamento, fazem parte os seguintes:

ACTIVO
I – DIREITOS DE CRÉDITO

Verba n.º 1

14 Certificados de aforro, cujo valor global é de 47 385,80 €.

II – BENS MÓVEIS

Verba n.º 2

Um veículo automóvel ligeiro, da marca Renault, com a matrícula 06-03-TT, cujo valor de aquisição foi de ..... 24 042,05 €.

III – BENS IMÓVEIS

Verba n.º 3

Uma habitação composta pela fracção autónoma designada pela Letra "XX", correspondente ao terceiro andar esquerdo, com entrada pelo n.º 113, do prédio urbano sujeito ao regime da propriedade horizontal, sito na Avenida dos Patuscos, n.ºs 111 e 113, da freguesia de Bonfim, na cidade do Porto, inscrito na matriz predial urbana sob o artigo ... e descrito na ... Conservatória do Registo Predial do Porto sob o n.º ... da freguesia do Bonfim, com o valor patrimonial tributário de 20 425,78 €, e à qual os Requerentes atribuem o valor de ... 122 205,48 €.

Verba n.º 4

Um lugar de aparcamento automóvel correspondente à fracção autónoma designada pelas letras "YY", sito no rés do chão do supra descrito prédio urbano, com entrada pelo número 111, com o valor patrimonial tributário de 1 310,84 €, e à qual os requerentes atribuem o valor de 2 493,99 €.

TOTAL DO ACTIVO ——————————— 196 127,32 €

PASSIVO

Deve o casal ao Banco de Investimentos–Automercantil, SA, pelo contrato relativo à aquisição do veículo relacionado sob a Verba n.º 2, a quantia de .... 19 616,52 €.

TOTAL DO PASSIVO ——————————19 616,52 €

A Requerente:

O Requerente:

✓ Acção de alimentos proposta por filho maior

Exmo Sr.
Conservador do Registo Civil
de Matosinhos

Rosa Martins Pereira, solteira, maior, residente na Travessa dos Lírios, n.º 23, no concelho da Maia, tem a propor

Contra

Afonso Rodrigues Pereira, divorciado, professor, residente na Rua do Monte, 373, rés-do-chão direito, da freguesia de Perafita, no concelho de Matosinhos,

Acção de Alimentos, nos termos do disposto no art. 1880.º do Código Civil e, ainda, na al. a) do art. 5.º e al. a) do n.º 1 do art. 6.º, ambos do Dec.-Lei n.º 272/2001, de 13 de Outubro,

O que faz nos termos e com os fundamentos seguintes:

1.º

A Requerente é filha do Requerido, nascida do casamento deste com Maria Luísa Pires Martins, como melhor resulta do assento de nascimento que se junta e se dá por integralmente reproduzido (Doc. n.º 1).

2.º

O casamento de seus pais dissolveu-se por divórcio que correu termos sob o n.º .../..., do 1.º Juízo do Tribunal de ...., cuja sentença, decretada em 14 de Maio de 2004, transitou em julgado em 25 do mesmo mês, como também melhor se alcança da certidão que aqui se junta e se dá por inteiramente reproduzida para todos os legais efeitos (Doc. n.º 2).

3.º

O referido divórcio resultou da conversão do divórcio litigioso, que a mãe da aqui Requerente intentou contra seu pai, em divórcio por mútuo acordo.

4.º

À data deste divórcio, a Requerente era já maior, não havendo assim lugar a acordo relativo ao exercício do poder paternal, bem como a alimentos devidos à filha do casal.

5.º

Porém, e porque a ora Requerente é ainda estudante, acordaram os seus progenitores, extra-judicialmente, que seu pai pagaria a sua mãe, com quem reside a Requerente, a quantia mensal de 150,00 Euro, a título de alimentos.

6.º

Mais acordou o Requerido que pagaria ainda outras despesas decorrentes da frequência da Faculdade, bem como as relativas a consultas médicas e o vestuário da Requerente, desde que devidamente comprovadas por recibo que lhe seria exibido ou entregue.

7.º

O supra indicado valor, que é manifestamente reduzido, foi fixado consensualmente porque o Requerido alegou estar desempregado, à data em que o divórcio foi decretado.

8.º

Pelo que foi igualmente acordado entre os progenitores que, desde que o Requerido se encontrasse de novo a trabalhar, contribuiria com maior quantia.

9.º

Acontece que o Requerido está já empregado, auferindo um vencimento mensal ilíquido de € 1.700,00, para além das regalias que usufrui, no âmbito do contrato de trabalho que celebrou com a sua nova empregadora, como é o caso do automóvel e telemóvel cedidos pela empresa para seu uso profissional e pessoal.

10.º

Limitando-se, ao invés do que acordara, a pagar os 150,00€ mensais e recusando-se a pagar as despesas a que se obrigou a comparticipar.

11.º

Como é do integral conhecimento do Requerido, à Requerente foi sempre proporcionado, pelos seus progenitores, um estilo de vida de nível elevado, compatível com os rendimentos do seu agregado familiar.

12.º

Assim, a Rosa está habituada a apresentar-se com roupas apropriadas à sua condição de estudante, adquirindo peças de vestuário, como roupa interior, saias, calças, camisolas, casacos compridos, calçado, acessórios, nos quais despende uma quantia média mensal de 100,00 Euro (Cfr. Recibos juntos sob o Doc. n.º 3).

13.º

Na sua higiene pessoal, que inclui pasta dentrífica, shampôs e amaciadores, desodorizantes, perfumes, e outros produtos de higiene íntima, gasta a Requerente a quantia de 30,00 Euro, como melhor resulta dos recibos que se juntam sob o Doc. n.º 4.

Parte III – Da Partilha Extrajudicial   111

14.º

A Requerida almoça diariamente na cantina da sua faculdade, onde gasta, em média, 77,00 Euro (3,50€ X 22 dias úteis), conforme recibos que se juntam sob o Doc. n.º 5.

15.º

Por razões relacionadas com o acidente de viação que sofreu, no ano de 2003, a Rosa frequenta sessões de fisioterapia, com a periodicidade de 2 vezes por semana, à razão de 7,50 cada uma, o que perfaz a quantia de 60,00€ por mês (cfr. Doc. n.º 6).

16.º

Nos transportes públicos, a Requerida gasta 21,00 Euro mensais (Cfr. Doc. n.º 7).

17.º

Acresce que, para os seus trabalhos académicos, viu-se na necessidade de adquirir um computador, no que gastou 350,00 Euro (Doc. n.º 8).

18.º

Para além do material escolar que deve comprar, com regularidade, de forma a realizar os trabalhos académicos e ter o aproveitamento a que está habituada, como é o caso de livros, CD's, e outro de desgaste rápido, onde é usual gastar a quantia mensal de 10,00€, conforme melhor se alcança dos recibos que se juntam sob o Doc. n.º 9.

19.º

O Requerido, negando-se a pagar ou a comparticipar no pagamento das referidas despesas, priva a Requerente dos recursos económicos que lhe garantem a continuidade do seu processo de formação universitária.

20.º

Por outro lado, o Requerido evidencia um estilo de vida actual que pressupõe um estatuto económico desafogado, sendo pródigo em jantares e viagens que faz com regularidade em fins de semana e feriados nacionais.

21.º

Não existindo qualquer impedimento para que ele negue à Requerente, como tem vindo a fazer, os meios de que ela carece para subsistir condignamente e para concluir a sua formação.

22.º

A progenitora da Requerente é funcionária pública e aufere um vencimento ilíquido mensal de 1.080,00 Euro.

23.º

Sendo este valor insuficiente para fazer face a todas as despesas com o sustento e a educação da Requerente.

24.º

As despesas referentes ao sustento e educação da Requerente ascendem ao valor de € 627,00 mensais e devem ser suportadas por ambos os progenitores, na exacta proporção das suas reais capacidades económicas e financeiras ou pela metade (€ 313,15).

25.º

Pelo que se torna indispensável que seja judicialmente reconhecido à Requerente o direito a receber de seu pai, o Requerido, e a título de alimentos, o peticionado valor de 313,15 Euro mensais.

Parte III – Da Partilha Extrajudicial   113

NESTES TERMOS e nos melhores de Direito, se requer que a presente acção seja julgada procedente, por provada, e, em consequência, seja o Requerido condenado a pagar a sua filha, a Requerente, a título de alimentos, a quantia mensal de 313,15 Euro, desde a data da propositura da presente acção.

Para tanto, requer ainda a citação do Requerido para, querendo, contestar, com a legal cominação.

VALOR:

JUNTA:

PROVA TESTEMUNHAL:

O ADVOGADO CONST.º:

4.1.2. DA TAXA DE JUSTIÇA, DAS DESPESAS COM O PROCESSO E DO APOIO JUDICIÁRIO

Cada um dos acordos exigíveis está sujeito ao pagamento do imposto de selo, no montante de 5,00 € cada um, sendo que, se forem subscritos unicamente pelos Requerentes, essa obrigação tributária cumprir-se-á junto da própria Conservatória do Registo Civil, ao contrário do que acontece se forem assinados pelos mandatários das partes, aos quais poderá ser exigido o pagamento do imposto na Tesouraria do Serviço de Finanças, precedentemente à entrada do processo na Conservatória.

Quando um dos cônjuges tenha requerido, e lhe tenha sido concedido, o benefício do Apoio Judiciário, ficará isento do pagamento da taxa de justiça e das demais despesas com o processo.

Todavia, a isenção conferida a um dos cônjuges não aproveita ao outro, que não será exonerado do pagamento de todos os encargos, designadamente a taxa de Justiça, que pagará integralmente e cujo valor é, actualmente, de 250,00 €.

É de referir ainda que, não obstante o processo organizado e deferido pelo competente Centro Distrital do Instituto de Solidariedade e Segurança Social referir expressamente que o benefício de apoio judiciário inclui a modalidade de *"Dispensa total do pagamento de taxa de justiça e dos demais encargos do processo"*, certo é que **tal concessão não tem força vinculativa junto das Conservatórias** que, para o efeito, continuam a exigir um outro outro meio probatório da alegada insuficiência económica de ambos os Requerentes, sob pena de aquele que não tiver sido beneficiado com o apoio judiciário acarretar com todas as despesas.

Consequentemente, e ao abrigo do disposto no art. 300.º do Código do Registo Civil – *"Casos de Isenção"* –, apenas se consideram **documentos idóneos para comprovar a insuficiência**

económica dos Requerentes os elencados no n.º 1 do citado preceito, que são:

a) Documento emitido pela competente autoridade administrativa, vulgo os atestados passados pelas Juntas de Freguesia da área da residência dos Requerentes;

b) Declarações passadas por instituição pública de assistência social onde se encontre internado o Requerente.

Deste modo, fácil é constatar que, na reforma introduzida no regime da concessão do apoio judiciário, não se cuidou de articular, de modo eficiente, as competências acometidas a todas as entidades que intervêm no processo, daqui podendo derivar uma autêntica situação que se reconduzirá, em termos práticos, a uma espécie de "conflito negativo de competências", por os requerentes não saberem, com rigor, a quem cabe atestar da sua incapacidade económica para custear as normais despesas com o processo.

No demais, dispõe o art. 301.º do mesmo Código que serão emitidas gratuitamente as certidões requeridas para obtenção do apoio judiciário.

A título conclusivo: com as últimas alterações legislativas introduziu-se maior celeridade nos respectivos processos, facto que, se por um lado vem de encontro aos interesses dos cônjuges que pretendem dissolver o seu vínculo conjugal ou querem apenas fazer cessar os seus deveres recíprocos de coabitação e assistência, bem como proceder à subsequente partilha do património comum, como acontece com a separação de pessoas e bens, por outro lado há que rodear o processo de maiores cautelas, em particular no que diz respeito à forma como irão promover a referida partilha, uma vez decretada a separação ou o divórcio.

Diz-nos a prática forense que uma percentagem significativa de pessoas acorda em se divorciar por mútuo consentimento pelo simples facto de perceberem quão desgastante se torna uma lide judicial. Quando reconhecem que a subsistência do vínculo conjugal e própria vida em comum se tornou praticamente inviável e que um processo litigioso acarreta o prolongamento de uma quase "agonia", preferem, não raro, optar pela via consensual.

Deste modo, furtam-se ao embaraço de verem as suas "vidas privadas", nos seus aspectos mais íntimos, devassadas por articulados, pedidos reconvencionais e em sede de audiência de julgamento.

Pese embora os fundamentos que eventualmente assistam a um dos cônjuges para propor acção de divórcio litigioso contra o cônjuge que viola culposa e reiteradamente os seus deveres conjugais, a preferência pelo divórcio por mútuo consentimento aumenta quando os cônjuges verificam que, logo à partida, estão em condições de acautelar os seus interesses patrimoniais e não patrimoniais, bem como controlar ou minimizar os danos decorrentes da dissolução do seu vínculo.

E os aspectos que ganham maior peso relativo nesta decisão prendem-se com os alimentos devidos ao cônjuge que deles careça ou aos filhos menores, o destino da casa de morada de família e a forma como procederão à futura partilha dos bens comuns.

Basta que os cônjuges tenham a percepção de que alcançaram acordos exequíveis e adequados às suas reais necessidades ou expectativas, para que partam para um divórcio consensual, com uma atitude mais serena.

Estes são os objectivos que presidem, na esmagadora maioria dos casos, aos trabalhos preparatórios de um divórcio que se tornou incontornável, quando nenhum dos cônjuges acalenta o propósito de se reconciliar.

Ainda na fase preliminar à propositura das acções e no domínio das suas relações privativas, é comum os cônjuges quererem ver devidamente acautelados os seus interesses, bem como os dos filhos do casal, designadamente por via de promessas de partilha que podem constituir um instrumento, ainda que frágil, que garanta o cumprimento da disciplina que entenderam por bem formalizar nesses acordos.

4.1.3. DO CONTRATO-PROMESSA DE PARTILHA

Por estas razões, e com um intuito meramente cautelar, é frequente a celebração de **promessas de partilha, anteriormente à propositura ou já em plena tramitação dos processos**, e pelos quais os cônjuges promovem a **inventariação de todos os direitos, bens móveis e imóveis que serão objecto da partilha**, atribuindo-lhes o valor que reputam adequado à natureza desses mesmos bens, e moldam, dentro dos limites da lei, a própria forma da partilha.

Muito embora haja quem discorde da eficácia e da exequibilidade legal de um contrato-promessa de partilha, a verdade é que a sua admissibilidade parece estar contida na estatuição do art. 410.º do C.C., que consagra a faculdade de ambos os promitentes se obrigarem a celebrar, no futuro, um determinado contrato prometido.

De resto, este preceito é um corolário do princípio da liberdade contratual, consagrado no art. 405.º do C.C., que exprime com fidelidade o princípio da autonomia privada, trave-mestra do nosso ordenamento jurídico-negocial.

Por todas as razões atrás descritas, e em particular por que a celebração de uma promessa de partilha pode, e deve, reflectir a real vontade das partes, para além de as vincular, no âmbito das regras que disciplinam a substância e a forma dos contratos-promessa, não nos repugna, de todo, que os cônjuges partam para um divórcio depois de regulamentarem os seus interesses quanto à futura divisão dos bens que integram a comunhão, em sede de promessa de partilha.

A censura ou objecção suscitadas a propósito da exequibilidade de um contrato-promessa de partilha podem, salvo melhor opinião, equiparar-se ao receio quanto à fragilidade da garantia do cumprimento de qualquer um dos acordos homologados, quer por um Tribunal, quer por uma Conservatória do Registo Civil que, como sabemos, podem "morrer à nascença".

Não queremos, todavia, deixar aqui de consignar uma outra visão alternativa, defendida por alguns autores como forma de delinear a futura partilha, em momento anterior à instauração do divórcio ou da separação de pessoas e bens ou mesmo na pendência do processo, a qual reveste maior segurança jurídica para os contraentes.

Trata-se, neste caso, de uma figura que não se confunde com a promessa de partilha celebrada por documento particular, mas antes de uma **partilha outorgada em Cartório Notarial e subordinada a condição que, no caso em apreço, será de natureza suspensiva**.

Este negócio jurídico, igualmente permitido por lei, ficará dependente, quanto à produção dos seus efeitos, da verificação de um acontecimento futuro e incerto (art. 270.º do C.C.), no caso vertente, a decisão de divórcio proferida pelo Conservador do Registo Civil, depois de transitada. Nesta esteira Albino Matos em "Temas de Direito Notarial – I" (pág. 467 e ss).

A título meramente exemplificativo, juntamos minuta de promessa de partilha que foi concretizada, uma vez decretado o divórcio.

✓ Promessa de partilha de bens do casal

Entre:

PLUTÓNIO DA COSTA TELHUDO, na qualidade de primeiro promitente e sua mulher MARIA DOS ANJOS GENTIL, como segunda promitente, ambos residentes na Rua dos Girassóis, 22, 2.º Esq.º, da freguesia de Casca, concelho de Lamego, respectivamente com os NIF 154 422 311 e 345 666 223, é celebrado, nesta data, livremente e de boa-fé, o presente contrato-promessa de partilha dos bens comuns do casal para ser efectuada uma vez dissolvido o seu casamento por divórcio por mútuo consentimento, e que desde já fazem subordinar às seguintes cláusulas:

1.ª

Os ora promitentes, casados entre si sob o regime da comunhão de adquiridos, vão propor na Conservatória do Registo Civil de Lamego, acção de divórcio por mútuo consentimento.

2.ª

Do acervo de bens comuns a partilhar fazem parte, nesta data, os direitos, bens móveis e imóveis infra relacionados e que são:

DIREITOS

Verba n.º 1

350 acções da Sociedade Anónima "Rádio Alegria", cujo valor nominal global, igual ao atribuído, é de 3 827,00 €.

BENS MÓVEIS

Verba n.º 2

Um veículo automóvel ligeiro de passageiros, da marca Rapidex, Modelo Carocha, com a matrícula 42-42-00, com o valor

Parte III – Da Partilha Extrajudicial 121

de 7 481,90 €, igual ao atribuído, e registado a favor do primeiro promitente na competente Conservatória.

Verba n.º 3

Uma quota, com o valor nominal, igual ao atribuído, de 37 409, 84 €, de que o primeiro promitente é titular na sociedade comercial que gira sob a firma "Lux – Empreendimentos Hoteleiros, Lda", com sede na Rua da Tranquilidade, 99, em Lisboa, com o NIPC 502 333 543, com o capital social subscrito e realizado de 49 879,79 € e que se encontra matriculada na competente Conservatória do Registo Comercial sob o n.º 355901.

BENS IMÓVEIS

Verba n.º 4

Um apartamento de Tipo duplex, composto pela fracção autónoma designada pela Letra "BB" correspondente ao 2.º andar, com entrada pelo n.º 11, do prédio urbano sujeito ao regime de propriedade horizontal sito na Rua dos Ventos, n.ºs 11 e 15, da freguesia de Barqueiros, no concelho de Viana do Castelo, inscrito na competente matriz urbana sob o artigo 1400 e descrito na Conservatória do Registo Predial de Viana do Castelo sob o n.º 3001 de Barqueiros e aí inscrito a favor do primeiro promitente pela inscrição G-1, com o valor patrimonial tributário de 71 553,06 €, igual ao atribuído.

3.ª

Pela presente promessa, acordam em:

a) Adjudicar à promitente Maria dos Anjos o veículo automóvel relacionado sob a Verba n.º 2, no valor de 7 481,90 €, bem como o imóvel, o qual constituirá a sua casa de morada, no valor de 71 553,06 €, o que soma o valor de 79 034,96 €;

b) Adjudicar ao promitente Plutónio as acções relacionadas na Verba n.º 1, no seu valor de 3 827,00 € e a quota relacionada na Verba n.º 3, com o valor de 37 409,84 €, o que perfaz o valor global de 41 236,84 €.
c) Que os bens a partilhar somam 120 271,80 €, pelo que, deste montante, caberá a cada um deles o valor de 60 135,90 €;
d) E que, porque a promitente Maria dos Anjos levará a mais, do que aquilo que lhe competirá, o valor de 18 899,06 €, deverá esta repor ao promitente Plutónio este mesmo montante em dinheiro, a pagar no acto da escritura.

4.ª

Por ambos os promitentes foi dito que a presente promessa de partilha dos bens comuns do casal satisfaz e corresponde inteiramente à sua real vontade, ficando o mesmo subordinado a todos os legais efeitos, uma vez que o casamento se dissolva por sentença transitada em julgado.

5.ª

Mais se obrigam a celebrar a escritura de partilha em Cartório Notarial do Porto, à escolha da promitente mulher e no prazo de seis meses a contar da data da dita sentença de divórcio.

5. INSTRUÇÃO DA PARTILHA SUBSEQUENTE AO DIVÓRCIO E À SEPARAÇÃO DE PESSOAS E BENS

Subsequentemente a um divórcio, quer seja litigioso ou não, ou à separação judicial de pessoas e bens ou só de bens, pode proceder-se extrajudicialmente à partilha do património comum do casal.

É sobre esse tipo de partilha que nos vamos debruçar agora, revestindo a forma extrajudicial, uma vez que, tal como dissemos atrás, é muito mais rápido e simplificado proceder à divisão do acervo comum do casal mediante escritura pública, uma vez que a via notarial é sempre muito mais célere e simplificada do que a via judicial.

Dissolvido um casal por divórcio ou tendo simplesmente sido decretada a separação de bens entre os cônjuges, estes podem dirigir-se a um qualquer Cartório Notarial da sua escolha para proceder à partilha dos bens comuns. Para tanto, e para que não tenham de deslocar-se ao Cartório várias vezes, convém apresentarem-se, para a marcação da escritura, já munidos dos seguintes **elementos**:

- Documentos de identificação dos partilhantes, actualizados (B.I., carta de condução, passaporte), assim como os respectivos cartões de contribuinte;
- Certidão da sentença que decretou o divórcio (do Tribunal ou da Conservatória do Registo Civil);
- Certidão do Registo Predial relativa aos imóveis a partilhar, devendo estes estar registados em nome do casal. Esta certidão é válida por 6 meses;
- Cadernetas prediais, actualizadas há não mais de seis meses ou certidão do teor matricial, que tem o mesmo prazo de validade;
- Se houver quotas sociais a partilhar, deverão ainda juntar certidão do Registo Comercial da sociedade em causa;

Estes são os documentos mais frequentes para instruir aquela escritura. Claro que há casos menos vulgares com bens de outra espécie a partilhar mas, nesta eventualidade, o Notário solicitará, quanto a esses bens, os elementos que melhor entender.

Quanto ao pagamento do **imposto municipal sobre as transmissões oneroras de imóveis (I.M.T.)**, pelo eventual excesso em imóveis que algum dos partilhantes possa levar na partilha, ao contrário do que acontecia antes da reforma do património e da publicação do respectivo código, a sua liquidação não precede a escritura.

Na verdade, de acordo com o disposto na alínea c), do n.º 4, do art. 49.º do Código do Imposto Municipal Sobre Tansmissões Onerosas de Imóveis (CIMT), os notários devem enviar à Direcção-Geral dos Impostos (até ao dia 15 do mês seguinte) cópia das escrituras de partilha de que façam parte bens imóveis a fim de a liquidação do IMT pelo excesso em imóveis, a ele sujeitos, ser liquidado, posteriormente, pelos Serviços de Finanças. Este imposto deve ser pago nos 30 dias posteriores à notificação feita por aqueles serviços (n.º 7, do art. 36.º, do CIMT).

Sobre a incidência do imposto, confr. alínea c), do n.º 5, do art. 2.º, do citado Código.

A determinação do valor tributável faz-se de acordo com o disposto na regra 11.ª, do n.º 4, do art. 12.º do mesmo Código.

No entanto se o excesso for provocado por imóveis destinados exclusivamente a habitação **e esse excesso não exceder os 81 600,00 €,** há isenção de IMT, nos termos do art. 9.º do CIMT. Neste caso, se o notário assim o entender, poderá consignar esse facto na escritura, o que poderá evitar que as partes tenham, eventualmente, de fazer prova desta isenção na Conservatória do Registo Predial. Note-se que esta isenção é de reconhecimento automático (alínea e) do n.º 6, do art. 10.º, do CIMT). As taxas do IMT são as previstas no art. 17.º deste citado código.

Parte III – Da Partilha Extrajudicial

Não é demais lembrar que é levado à partilha todo o **património comum do casal, mesmo que titulado apenas em nome de um deles**. Ficam, assim, excluídos da partilha os bens próprios de cada um dos cônjuges, a não ser que se trate de divórcio litigioso, e tenha sido decretado com culpa exclusiva ou principal de um dos cônjuges.

Neste caso, a partilha é celebrada segundo o regime que for menos favorável ao cônjuge considerado culpado, v.g. se o regime de bens que vigorou no casamento era o da comunhão geral, a partilha será feita segundo o regime da comunhão de adquiridos, se este for o mais favorável ao cônjuge que não foi considerado o principal culpado.

De seguida, apresentamos alguns exemplos de partilhas deste tipo, salvaguardando a redacção própria do notário que as preparou e que podem ilustrar o que acabámos de dizer. São apenas casos vários que, esperamos, venham a ser úteis ou, pelos menos, ilustrativos das situações que aparecem mais frequentemente.

126 *Divórcio, Herança e Partilha*

✓ Partilha – com activo (móveis e imóveis) e passivo

—No dia oito de Novembro do ano dois mil e quatro, no Cartório Notarial de....., perante mim, F.——, Notário do mesmo Cartório, compareceram como outorgantes:————————
————————————PRIMEIRO:————————————
————————JOÃO MALAQUIAS..., NIF 123 456 789, titular do B.I. n.º 333 444 555, emitido em 1-4-99, por Lisboa, divorciado, natural da freguesia de Ovelha e Aliviada, concelho de Marco de Canaveses, residente na Rua dos Afogados, 99, São Miguel, Açores:————————————————
——————————————SEGUNDA:——————————————
—MARIA MIQUELINA ...., NIF 987 654 321, titular do BI n.º 555 444 333, de 05/09/00, do Porto, divorciada, natural da freguesia de Castelo Mendo, concelho de Almeida, residente na Rua das Maltratadas, 55, Vila Nova de Poiares:————————
—Verifiquei a identidade dos outorgantes pelos seus Bilhetes de Identidade:——————————————————————
————————————E DECLARARAM:————————————
—Que foram casados um com o outro e o regime patrimonial que regulava o seu casamento era o da comunhão de adquiridos;————————————————————————————
—Que, por sentença de vinte e cinco de Janeiro de dois mil e dois, proferida no Processo número três/dois mil e dois, da Conservatória do Registo Civil de Vila Nova de Poiares, transitada em julgado nessa data, foi decretado o divórcio entre eles por mútuo consentimento;——————————————————
—Por esta escritura, procedem à partilha dos bens que constituem o património comum do seu casal dissolvido, que são os seguintes:——————————————————————
————————————————ACTIVO:————————————
VERBA NÚMERO UM:-Prédio urbano composto de casa destinada exclusivamente a habitação, de rés do chão e andar, com aido e quintal, sito no lugar dos Aliviados, freguesia dos Aflitos, concelho de Setúbal, inscrito na respectiva matriz sob

Parte III – Da Partilha Extrajudicial 127

o artigo 223, descrito na Conservatória do Registo Predial de Setúbal sob o número duzentos, da freguesia dos Aflitos, definitivamente registado a favor dos outorgantes pela inscrição G-um, com o valor patrimonial tributário de 1.446,00 € e o atribuído de DEZ MIL EURO:————————————————
VERBA NÚMERO DOIS:– Fracção autónoma designada pela letra "A", correspondente a um estabelecimento comercial designado por "número um" com tudo o que a compõe, incluindo o arrumo cinco na cave, com entrada pelo n.º 80 da Rua dos Marretas, com o valor patrimonial tributário de 900,40 €, e o atribuído de CEM MIL QUINHENTOS EURO:————————
—A fracção acima descrita faz parte do prédio urbano em regime de propriedade horizontal sito na Rua dos Marretas, n.ºs 80, 83 e 85, freguesia dos Arrependidos, concelho de Vila Nova da Fronteira, inscrito na respectiva matriz sob o artigo 8 654, descrito na Conservatória do Registo Predial de Vila Nova de Fronteira sob o número duzentos e sete, da freguesia dos Arrependidos, afecto ao regime da propriedade horizontal, conforme inscrição F– um, estando a fracção definitivamente registada a seu favor pela inscrição G– um:————
VERBA NÚMERO TRÊS:- Uma quota do valor nominal e atribuído de "DOIS MIL E QUINHENTOS EURO", titulada em nome dele outorgante, "João Malaquias";————————————
VERBA NÚMERO QUATRO:- Uma quota do valor nominal e atribuído de "DOIS MIL E QUINHENTOS EURO", titulada em nome dela outorgante "Maria Miquelina":————————————
ambas as quotas, no capital da sociedade comercial por quotas:
—"............., LIMITADA", pessoa colectiva n.º 503.850.324, com sede na Rua Torta, n.º 30, freguesia da Carrapata, concelho de Vila Nova de Paiva, matriculada na Conservatória do Registo Comercial de Vila Nova de Paiva sob o número dois mil cento e três, com o capital social integralmente realizado e definitivamente registado de cinco mil euro:————————
—————————————PASSIVO:—————————————
—O saldo devedor do empréstimo concedido pelo "Banco ....., S.A.", no valor de noventa e nove mil setecentos e cinquenta

e nove euro, que nesta data se encontra reduzido a NOVENTA E DOIS MIL NOVECENTOS E VINTE EURO, garantido por HIPOTECA sobre a indicada fracção "A", registada na competente Conservatória do Registo Predial a favor do referido Banco, pela inscrição C– um:——————————
——————————OPERAÇÕES:——————————
— Soma O ACTIVO o montante de CENTO E QUINZE MIL E QUINHENTOS EURO, sendo o passivo de NOVENTA E DOIS MIL NOVECENTOS E VINTE EURO, pelo que o líquido a partilhar é de VINTE E DOIS MIL QUINHENTOS E OITENTA EURO:——————————————————
— O referido valor de CENTO E QUINZE MIL E QUINHENTOS EURO, dos quais CENTO E DEZ MIL E QUINHENTOS EURO são de bens imóveis, divide-se em duas partes iguais de CINQUENTA E SETE MIL E SETECENTOS E CINQUENTA EURO, que é o valor da meação de cada um dos ex-cônjuges, sendo a sua meação nos bens imóveis de cinquenta e cinco mil duzentos e cinquenta euro, cabendo a cada um, de passivo, o montante de quarenta e seis mil quatrocentos e sessenta euro, pelo que o valor liquido de cada meação é de onze mil duzentos e noventa euro:——————————
——————————ADJUDICAÇÕES:——————————
——Os bens acima descritos são adjudicados da seguinte forma:——————————
a) – À segunda outorgante, Maria Miquelina, ficam adjudicados os imóveis identificados nas verbas UM e DOIS, no valor global de cento e dez mil e quinhentos euro, ficando também a cargo dela aquela dívida de NOVENTA E DOIS MIL NOVECENTOS E VINTE EURO que ela assume para com o "Banco ...., S.A.", sendo o valor liquido da meação de onze mil duzentos e noventa euro. Leva a mais a importância de seis mil duzentos e noventa euro que repõe, de tornas, ao primeiro outorgante, sendo o seu excesso em bens imóveis de cinquenta e cinco mil duzentos e cinquenta euro;——————
b) Ao primeiro outorgante "João Malaquias", são adjudicados os bens descritos nas verbas três e quatro, no valor global de

cinco mil euro e ainda as tornas a seu favor apuradas de seis mil duzentos e noventa euro que declara ter recebido da segunda outorgante:————————————————————————

————————DECLAROU A SEGUNDA OUTORGANTE:————

—Que renuncia às funções de gerência que exercia na dita sociedade;————————————————————————————

—E que autoriza que o seu nome continue a figurar na firma social:————————————————————————————————

—São estes os termos em que concluem esta partilha:——————

————————————ASSIM O OUTORGARAM:————————————

—Adverti os outorgantes da obrigação legal de ser requerido o registo deste acto na competente Conservatória do Registo Comercial, no prazo de três meses:————————————————

————————————————ARQUIVO:————————————

a) – certidão da sentença que decretou o divórcio:————————

b) certidão comercial comprovativa da qualidade de únicos sócios, capital e quotas:————————————————————

————————————————EXIBIDOS:————————————

a) –- duas certidões do teor das citadas descrições e inscrições prediais, expedidas em 21/06/2002, pelas Conservatórias do Registo Predial referidas;——————————————————

b) – duas certidões do teor do citado artigo matricial, expedidas em 21/06/2002.——————————————————————

Foi feita a leitura desta escritura e a explicação do seu conteúdo aos outorgantes.

Segue-se um exemplo de um casal que se dissolveu mas que pretendia que dois dos bens imóveis e o bem móvel (quota) que integravam o seu património fossem transferidos para a titularidade de seus filhos.

Como tal não é possível por via da partilha, uma vez que os filhos não são parte interessada, procedeu-se, subsequentemente, aos seguintes actos:

- **Doação aos filhos,** com reserva de usufruto para a mãe (posto que se pretendia garantir que esta os pudesse usufruir durante a sua vida);

- **Divisão e doação de quotas**, aos mesmos filhos do casal, com renúncia à gerência por parte da doadora.

- **Partilha do património comum** do casal dissolvido;

Parte III – Da Partilha Extrajudicial

✓ **Doações de prédios urbanos aos filhos do dissolvido casal, com reserva de usufruto vitalício**

No dia seis de Agosto de dois mil e quatro, no ... Cartório Notarial de ..., perante mim, F..., Notário do mesmo Cartório, compareceram como outorgantes:————————————
————————————————-PRIMEIRO:————————————-
TITO LÍVIO TEIXEIRA, CF n.º 224 567 431, divorciado, natural da freguesia de Cabeçadas, do concelho de Resende, residente na Rua da Cruz Pesada, 22, desta indicada freguesia, titular do BI n.º 2134567, emitido em 17/11/99,pelos S.I.C. de Lisboa————————————————————————
————————————————-SEGUNDA:————————————
MARIANA CESÁRIA COSTA NESPEREIRA, CF n.º 445 566 788, divorciada, natural da freguesia de Peixe Seco, concelho de Óbidos, titular do BI n.º 2357891, emitido em 14/04/99, pelos S.I.C. de Lisboa, residente na Rua dos Sarilhos Leves, 234, da mesma freguesia de Cabeçadas, de quarenta e nove anos de idade————————————————
————————————————-TERCEIRA:————————————
SEZÉLIA ALEXANDRA NESPEREIRA TEIXEIRA, CF n.º 443 871 978, titular do BI n.º 11243567, de 10/10/96, por Lisboa, solteira, maior, natural da freguesia de Cabeçadas, concelho de Resende, residente na referida Rua dos Sarilhos Leves, 234, ————————————————————
————————————————-QUARTO:————————————
ROMEU JULIÃO NESPEREIRA TEIXEIRA, CF n.º 522 631 688, titular do BI n.º 13277873, emitido em 01/01/96, pelos S.I.C. de Lisboa solteiro, maior, natural da dita freguesia de Cabeçadas e residente na aludida Rua dos Sarilhos Leves, 234;————
Verifiquei a identidade dos outorgantes por exibição dos respectivos bilhetes de identidade.————————————————
—**DECLARARAM OS PRIMEIRO E SEGUNDA OUTOR-GANTES**:————————————————————————
—Que são donos e legítimos possuidores das fracções autó-

nomas a seguir identificadas que fazem parte do prédio urbano em regime de propriedade horizontal sito na Rua das Conchinhas, n.ºs 5 e 9, da freguesia de Belos Ares, concelho de Sintra, inscrito na respectiva matriz sob o artigo 4567, descrito na Conservatória do Registo Predial de Sintra sob o número oitocentos e sessenta e oito, de Belos Ares, afecto ao regime da propriedade horizontal pela inscrição F-dois, definitivamente registadas a seu favor pelas inscrições G-um, então no estado de casados um com o outro:————————
a) fracção autónoma designada pela letra "V", correspondente a uma habitação no quarto andar esquerdo, com um terraço na frente e outro nas traseiras e entrada pelo n.º 5, com o valor patrimonial tributário e atribuído de quinze mil euro;————
b) fracção autónoma designada pela letra "X", correspondente a uma habitação no quarto andar direito, com um terraço na frente e outro nas traseiras, com entrada pelo n.º 5, com o valor patrimonial tributário e atribuído de quinze mil euro;————
—Que, pela presente escritura, com reserva para ela, Mariana Cesária, do usufruto vitalício e por conta das respectivas quotas disponíveis, **fazem as seguintes doações** a seus filhos Sezélia Alexandra e Romeu Julião, atrás identificados:————
UM– À terceira outorgante Sezélia Alexandra a fracção autónoma "V", atrás identificada;————————————————
DOIS– Ao quarto outorgante Romeu Julião a fracção autónoma "X" atrás igualmente identificada;————————————-
—O valor tributável correspondente à raiz ou nua propriedade de cada uma das fracções, calculado, de acordo com a alínea a), do art. 13.º, do C.I.M.T., é de sete mil e quinhentos euro, somando as duas o valor de quinze mil euro. ————
DECLARARAM OS TERCEIRA E QUARTO OUTORGANTES:

— Que aceitam as presentes doações cada um na parte que lhes diz respeito:————————————————————
————————————-ASSIM O OUTORGARAM————————
——FORAM EXIBIDOS:..
—Foi feita aos outorgantes a leitura desta escritura e a explicação do seu conteúdo.

Parte III – Da Partilha Extrajudicial

✓ Divisão e doação de quotas com renúncia à gerência

—No dia seis de Agosto de dois mil e quatro, no Cartório Notarial de..., perante mim, ..., Notário do mesmo Cartório, compareceram como outorgantes: —————————————————————————PRIMEIRO:—————— TITO LÍVIO TEIXEIRA, CF n.º 224 567 431, divorciado, natural da freguesia de Cabeçadas, do concelho de Resende, residente na Rua da Cruz Pesada, 22, desta indicada freguesia, titular do BI n.º 2134567, de 17/11/99, por Lisboa:——————————————————SEGUNDA:——————— MARIANA CESÁRIA COSTA NESPEREIRA, CF n.º 445 566 788, divorciada, natural da freguesia de Peixe Seco, concelho de Óbidos, titular do BI n.º 2357891, de 14/04/99, por Lisboa, residente na Rua dos Sarilhos Leves, 234, da mesma freguesia de Cabeçadas, de quarenta e nove anos de idade;——————————————————TERCEIRA:—————— SEZÉLIA ALEXANDRA NESPEREIRA TEIXEIRA, CF n.º 443 871 978, titular do BI n.º 11243567, emitido em 10/10/96, pelos S.I.C. de Lisboa, solteira, maior, natural da freguesia de Cabeçadas, concelho de Resende, residente na referida Rua dos Sarilhos Leves, 234;———————————————————QUARTO:—————— ROMEU JULIÃO NESPEREIRA TEIXEIRA, CF n.º 522 631 688, titular do BI n.º 13277873 emitido em 01/01/96 pelos S.I.C. do Porto, solteiro, maior, natural da dita freguesia de Cabeçadas e residente na aludida Rua dos Sarilhos Leves, 234:——————Verifiquei a identidade dos outorgantes por exibição dos aludidos bilhetes de identidade:——————————————— DECLARARAM, OS PRIMEIRO E SEGUNDA OUTORGANTES: ——Que, são os únicos sócios da sociedade comercial por quotas "PANEX – INDÚSTRIA PANIFICADORA, LIMITADA", pessoa colectiva n.º 501 345 799, com sede na Rua do Croissant, 445, da freguesia de Cabeçadas, concelho de Resende, matriculada na Conservatória do Registo Comercial de Resende sob o número mil e dois, com o capital social integralmente realizado e definitivamente registado de cinquenta mil euro;——————————————————————————

—Que, aquele capital social, encontra-se representado por duas quotas tituladas:——————————————————————

—Uma, no valor nominal de quarenta mil euro em nome do primeiro outorgante Tito Lívio;——————————————————

Uma no valor nominal de doze mil quatrocentos e sessenta e nove euro e noventa e cinco cêntimos em nome da segunda outorgante Mariana Cesária:——————————————————

Que ambas as quotas foram adquiridas e assim estão registadas a favor dos ditos sócios ainda no estado de casados um com o outro:——————————————————————

—**Que, pela presente escritura procedem ao seguinte**:——

a) **DIVIDEM** aquela quota do valor nominal de doze mil quatrocentos e sessenta e nove euro e noventa e cinco cêntimos em duas do valor de seis mil duzentos e trinta e quatro euro e noventa e oito cêntimos, cada uma;——————————————

b) Que, por conta das respectivas quotas disponíveis, **DOAM** estas novas quotas, uma a cada um dos terceira e quarto outorgantes, Sezélia Alexandra e Romeu Julião, seus filhos, renunciando a doadora Mariana Cesária às funções de gerente que exercia na dita sociedade:——————————————————

—Que atribuem a cada uma destas doações valores iguais aos respectivos valores nominais.———————————————

DECLARARAM OS TERCEIRA E QUARTO OUTORGAN-TES:

—Que aceitam estas doações, cada qual na parte que lhe diz respeito.————————————————————————————

————————ASSIM O DISSERAM E OUTORGARAM:————————

—Adverti os outorgantes do dever legal de ser requerido o registo comercial deste acto no prazo de três meses a partir de hoje:————————————————————————————

Arquivo: ....

Esta escritura foi lida aos outorgantes e aos mesmos explicado o seu conteúdo.

✓ Partilha com bens imóveis e um bem móvel

No dia seis de Agosto de dois mil e quatro, no ... Cartório Notarial de ..., perante mim, F..., Notário do mesmo Cartório, compareceram como outorgantes:——————————————
————————————PRIMEIRO:————————————
TITO LÍVIO TEIXEIRA, CF n.º 224 567 431, divorciado, natural da freguesia de Cabeçadas, do concelho de Resende, residente na Rua da Cruz Pesada, 22, desta indicada freguesia, titular do BI n.º 2134567, de 17/11/99, por Lisboa:————
————————————————SEGUNDA:————————————
MARIANA CESÁRIA COSTA NESPEREIRA, CF n.º 445 566 788, divorciada, natural da freguesia de Peixe Seco, concelho de Óbidos, titular do BI n.º 2357891, de 14/04/99, por Lisboa, residente na Rua dos Sarilhos Leves, 234, da mesma freguesia de Cabeçadas;————————————————————
Verifiquei a identidade dos outorgantes por exibição dos aludidos bilhetes de identidade.————————————————
————————————E DECLARARAM:————————————
—Que foram casados um com o outro e o regime patrimonial que regulava o seu casamento era o da comunhão de adquiridos;————————————————————
—Que, por sentença de dez de Janeiro de mil novecentos e noventa e nove, proferida no Processo número oitenta e sete/noventa e oito, que correu seus termos no Primeiro Juízo do Tribunal Judicial da Comarca de Resende, transitada em julgado, foi decretado entre eles o divórcio litigioso;————
— Que, por esta escritura, procedem à partilha dos bens que constituem o património comum do seu dissolvido casal, que são os seguintes:————————————————————
VERBA NÚMERO UM:——Fracção autónoma designada pelas letras "UU", correspondente a uma habitação no terceiro andar esquerdo e vão do telhado, com entrada pelo n.º 8, com o valor patrimonial tributário e atribuído de setenta mil euro;
VERBA NÚMERO DOIS:——Fracção autónoma designada pela letra "D", correspondente a uma garagem na cave, com entrada

pelo n.º 10, com o valor patrimonial tributário e atribuído de cinco mil quinhentos euro;——————————————————

VERBA NÚMERO TRÊS:—Fracção autónoma designada pela letra "K", correspondente a uma garagem na cave, com entrada pelos n.ºs 12 e 14, com o valor patrimonial tributário e atribuído de sete mil novecentos euro;——————————

—As fracções acima descritas fazem parte do prédio urbano em regime de propriedade horizontal sito na Praceta Camilo Castelo Branco, n.ºs 3,5,7,9,11,15, 17 e Rua Pêro Vaz de Caminha, n.ºs 70,71,76,80, da freguesia de Cabeçadas, concelho de Resende, inscrito na respectiva matriz sob o artigo 2211, descrito na Conservatória do Registo Predial de Resende sob o número novecentos e dois, de Cabeçadas, afecto ao regime da propriedade horizontal conforme inscrição F – um, estando as fracções definitivamente registadas a seu favor pelas inscrições G – um:——————————————————

VERBA NÚMERO QUATRO:—Fracção autónoma designada pela letra "L", correspondente a uma habitação no primeiro andar direito, com espaço no sótão designado por "L-um", do prédio urbano em regime de propriedade horizontal sito na Urbanização dos Malmequeres, Rua D, n.ºs 5, 9, 10 e 11, da freguesia de Cabeçadas, concelho de Resende, inscrito na respectiva matriz sob o artigo 1444, com o valor patrimonial tributário e atribuído correspondente à fracção de trinta mil euro, descrito na Conservatória do Registo Predial de Resende sob o número mil e trinta e sete, de Cabeçadas, afecto ao regime da propriedade horizontal conforme inscrição F – um, fracção esta definitivamente registada a seu favor pela inscrição G – um:——————————————————

VERBA NUMERO CINCO:—Fracção autónoma designada pela letra "B", correspondente a uma garagem na cave, com entrada pelo n.º 11, do prédio urbano em regime de propriedade horizontal sito na referida Urbanização dos Malmequeres, Rua D, n.ºs 5, 9, 10 e 11, da freguesia de Cabeçadas, concelho de Resende, com o valor patrimonial tributário e atribuído, correspondente à fracção, de cinco mil euro descrito

Parte III – Da Partilha Extrajudicial 137

na Conservatória do Registo Predial de Resende sob o número mil e trinta e sete, de Cabeçadas, afecto ao regime da propriedade horizontal conforme inscrição F – um, fracção esta definitivamente registada a seu favor pela inscrição G – um;——
VERBA NÚMERO SEIS:—Fracção autónoma designada pelas letras "AV", correspondente a um lugar de garagem na cave, com entrada pelo n.º 111 do prédio urbano em regime de propriedade horizontal sito na Rua do Poeta, n.ºs 15, 16, 18, 20, 22, 25, 29, e 32 e Alameda dos Marretas, n.ºs 10, 17, 22, 27, 33, 44, 48, 55 e 57, da freguesia de Cabeçadas, concelho de Resende, inscrito na respectiva matriz sob o artigo 555, com o valor patrimonial tributário e atribuído à fracção de seiscentos e cinquenta euro, descrito na Conservatória do Registo Predial de Resende sob o número quatrocentos e trinta, de Cabeçadas, afecto ao regime da propriedade horizontal conforme inscrição F – um, estando a fracção definitivamente registada a seu favor pela inscrição G – um:
VERBA NUMERO SETE:- Fracção autónoma designada pela letra "T", correspondente aos arrumos no vão do telhado, frente, com entrada pelo n.º 989, do prédio urbano em regime de propriedade horizontal sito na Rua do Tornesol, n.º 989, Lugar das Bouças, da freguesia de Cabeçadas, concelho de Resende, inscrito na respectiva matriz sob o artigo 1212, com o valor patrimonial tributário e atribuído de seis mil euro, descrito na Conservatória do Registo Predial de Resende sob o número dois de Cabeçadas, afecto ao regime da propriedade horizontal conforme inscrição F – um, fracção esta definitivamente registada a seu favor pela inscrição G – um:——
VERBA NÚMERO OITO:—Metade indivisa da fracção autónoma designada pela letra "U", correspondente a uma arrecadação na cave, com entrada pelos n.ºs 1 e 6, com o valor patrimonial tributário e atribuído, correspondente, de oito mil euro:———————————————————
VERBA NUMERO NOVE:—Metade indivisa da fracção autónoma designada pela letra "V", correspondente a uma arrecadação na cave, com entrada pelo n.º 6, com o valor patrimo-

nial tributário tributário e atribuído correspondente de nove mil euro — que ambas as fracções "U" e "V", descritas nas verbas números oito e nove, fazem parte do prédio urbano em regime de propriedade horizontal sito na Travessa dos Salta Pocinhas, n.ºs 24, 26 e 34, freguesia de Estevas, do concelho de Resende, inscrito na respectiva matriz sob o artigo 1898, descrito na Conservatória do Registo Predial de Resende sob o número seiscentos e oitenta, de Estevas, afecto ao regime da propriedade horizontal conforme inscrição F – um, definitivamente registadas as referidas fracções alíquotas a seu favor pelas inscrições G – dois:————————————————————

VERBA NÚMERO DEZ:—Uma quota do valor nominal e atribuído de QUARENTA MIL EURO, titulada em nome do primeiro outorgante Tito Lívio, no capital da sociedade comercial por quotas:————————————————————

"PANEX– INDÚSTRIA PANIFICADORA, LIMITADA", pessoa colectiva n.º 501 345 799, com sede na Rua do Croissant, 445, da freguesia de Cabeçadas, concelho de Resende, matriculada na Conservatória do Registo Comercial de Resende sob o número mil e dois, com o capital social integralmente realizado e definitivamente registado de cinquenta mil euro, quota essa com o valor atribuído de SETENTA MIL EURO:—

————————————————**OPERAÇÕES:**————————————-

—Somam os bens a partilhar o montante de **DUZENTOS E DOZE MIL E CINQUENTA EURO,** dos quais cento e quarenta e dois mil e cinquenta euro são de bens imóveis. Aquele montante divide-se em duas partes iguais de **cento e seis mil e vinte e cinco euro**, que é o valor da meação de cada um dos ex-cônjuges, sendo sua meação nos bens imóveis de setenta e um mil e vinte e cinco euro:————————————

————————————————**ADJUDICAÇÕES:**————————————

—Ao primeiro outorgante, **Tito Lívio**, ficam-lhe adjudicados os bens relacionados nas verbas números "QUATRO", "CINCO", "SEIS", "SETE", "OITO", "NOVE" e "DEZ", no valor total de CENTO E VINTE E OITO MIL E SEISCENTOS E CINQUENTA EURO, dele pertencendo o valor de cinquenta e oito mil e

Parte III – Da Partilha Extrajudicial 139

seiscentos e cinquenta euro a bens imóveis e o valor de setenta mil euro a bens móveis. Leva a mais do que aquilo a que tem direito a quantia de vinte e dois mil seiscentos e vinte e cinco euro que, de tornas, já repôs à segunda outorgante;—
—À segunda outorgante, **Mariana Cesária**, ficam-lhe adjudicados os imóveis descritos nas verbas números "UM", "DOIS" e "TRÊS", no valor total de OITENTA E TRÊS MIL E QUATROCENTOS EURO. Como tem direito a cento e seis mil e vinte e cinco euro, leva a menos a importância de vinte e dois mil seiscentos e vinte e cinco euro que, de tornas, já recebeu do primeiro outorgante. Leva, contudo, de excesso em bens imóveis, a importância de doze mil e trezentos e setenta e cinco euro:————————————————
—**São estes os termos em que concluem esta partilha:**——
————————**ASSIM O OUTORGARAM:**————————
—Adverti os outorgantes da obrigação legal de requererem o registo deste acto na competente Conservatória do Registo Comercial, no prazo de três meses.————————————
—**ARQUIVO** –certidão da sentença que decretou o divórcio:——
—**EXIBIDOS:** a) –certidão do teor das citadas descrições e inscrições prediais, expedida em 16/5/2004, pela Conservatória do Registo Predial de Resende;————————————
b) Uma certidão emitida em 15/5/2004 pela Conservatória do Registo Comercial de Resende;————————————
c) –nove cadernetas prediais urbanas emitidas, as sete primeiras em 4/5/2004 e as restantes em 1 de Julho último todas pelo Serviço de Finanças de Resende;————————
Foi feita a leitura desta escritura e a explicação do seu conteúdo aos outorgantes.

6. PARTILHA POR MORTE

6.1. ALGUMAS CONSIDERAÇÕES PRELIMINARES

6.2. DO MORGADIO

Como já se referiu, a partilha pode derivar da abertura de uma sucessão. Estamos, neste caso, perante a partilha *mortis causa.*

Segundo o art. 2024.º do C.C. *"Diz-se sucessão o chamamento de uma ou mais pessoas à titularidade das relações jurídicas patrimoniais de uma pessoa falecida e a consequente devolução dos bens que a esta pertenciam".*

A lei, ao colocar a tónica nas "relações jurídicas patrimoniais", afastou o conceito remoto, presente nas comunidades primitivas, que associava o fenómeno sucessório a uma situação de continuidade do *status* político-social da pessoa falecida, posto que nem se colocava a questão de dividir os bens, já que estes pertenciam à comunidade, com excepção dos bens de uso pessoal, como jóias, armas e outros artefactos que, na maioria dos casos, acompanhavam o defunto até à sua última morada.

Nesta época, e de acordo com as normas vigentes, os herdeiros ocupavam, apenas, a posição política, social e religiosa do decesso. Era o que acontecia, por exemplo, nas sociedades comunitárias.

De resto, e mais recentemente, tivemos entre nós o **instituto dos morgadios** que permitia ao autor da sucessão manter todo o seu património intacto e indiviso nas mãos de um único herdeiro, usualmente o filho varão mais velho.

Esta figura, que radica na palavra *maioratus* (o filho maior ou mais velho), fez do Morgado o beneficiário da instituição. Na ver-

Parte III – Da Partilha Extrajudicial   141

dade, à luz dos valores patrimoniais de então e dos princípios ético-
-sociais da época, a ordem da sucessão fazia-se pela atribuição do
património, com carácter de indivisão e de inalienabilidade, ao filho varão primogénito e, na falta deste, a um parente colateral.
Este género de **morgadio era do tipo agnatício**, com carácter de
masculinidade ou varonia, porquanto as mulheres, em geral, não
eram tidas em linha de conta.

Para além deste género, existia o denominado **morgadio
regular**, que se baseava nos laços de parentesco e podia incluir as
mulheres, sempre que não existisse varão. Neste caso, era chamada
a mais velha das irmãs da mesma linha e descendência do insti-
tuidor. E, em concomitância, eram usuais o **morgadio misto**,
onde se mesclavam as regras da varonia e da feminilidade, e o
morgadio electivo, no qual o Morgado era escolhido pelo conjunto dos herdeiros, como um sucessor único.

Este instituto desempenhou um papel relevante na história do
Direito da Europa Ocidental e, em particular, da Península Ibérica.

Por mera curiosidade e porque, em algumas zonas do país e
em determinadas classes sociais, subsiste a ideia peregrina de
conservar e transferir o património intacto e indiviso para as mãos
de um sucessor, ainda é frequente que alguém venha, mesmo nos
dias de hoje, solicitar a um técnico ou profissional de Direito que
encontre uma figura ou instituto que concretize os objectivos e os
efeitos tutelados pelos antigos morgadios.

Com efeito, este instituto disseminou-se no nosso país desde
o Século XVIII, encontrando-se já referências nas Ordenações
Afonsinas e numa Lei de D. Sebastião, datada de 1557, que alu-
dia ao Morgadio, ordenando que na sucessão se respeitasse, antes
de mais, a vontade dos instituidores.

Todavia, foi só com as Ordenações Filipinas de 1603 que o
instituto foi regulado, tendo sido estatuído que em regra os "Vín-

culos" não podiam, no seu valor, exceder a quota disponível do quinto e da terça de *melhora visigótica* e dos *costumes portugueses*.

A partir do Século XIII o morgadio começou a perder a sua importância, em virtude das novas ideias iluministas e liberais que sustentavam a igualdade entre herdeiros.

Esta tese ganhou campo com a governação de Sebastião José de Carvalho e Melo, conhecido por Marquês de Pombal, que restringiu o seu uso através da Lei de 3 de Agosto de 1770, só permitindo para o futuro os "vínculos" que rendessem pelo menos seis mil cruzados, no seio de famílias fidalgas ou de distinta nobreza e sob autorização régia.

Com o dealbar do Liberalismo, em pleno Século XIX, foram os morgadios definitivamente abolidos. Em consequência, todos os bens "vinculados" foram restituídos às regras da sucessão comum.

Esta prática **encontra-se hoje abolida, sendo proibida por lei** quando se dispõe, como faz o art. 2101.º, que *"Qualquer co--herdeiro ou cônjuge meeiro tem direito de exigir partilha quando lhe aprouver"*.

6.3. APLICAÇÃO DA LEI NO TEMPO, DESDE O CÓDIGO CIVIL DE 1867 ATÉ À ACTUALIDADE

Comecemos pelo cônjuge.

Até 31 de Maio de 1967, este era considerado um sucessível graduado apenas em quarto lugar, na linha da sucessão (art. 1969.º do Código de Seabra). Entre aquela data e 31 de Março de 1978, o cônjuge continuou a posicionar-se neste mesmo lugar (art. 2133.º do C.C. de 1967), mas, no entanto, se a sucessão fosse deferida a irmãos ou seus descendentes, tinha o cônjuge direito ao usufruto vitalício da herança (art. 2146.º do mesmo diploma).

Foi a partir de 1 de Abril de 1978, e por força da reforma introduzida na nossa legislação através do Dec.-Lei n.º 496/77, de 25 de Novembro, que o cônjuge passou a surgir em primeiro lugar, lado a lado com os descendentes ou ascendentes, se os houver (n.º 1 do art. 2133.º).

Esta alteração legislativa decorreu de uma nova mundovisão pela qual o cônjuge supérstite ou sobrevivo passou a ser protegido, como se de um filho se trate, ou melhor ainda, se concorrer com mais de três descendentes.

Embora esta tutela seja perfeitamente compreensível e mesmo defensável, posto que o que está em causa neste preceito é a defesa e o reconhecimento dos frutos de uma vida em comum, a verdade é que, no rigor dos factos, parece que o legislador não logrou acautelar os efeitos provocados por um segundo matrimónio, contraído pelo cônjuge sobrevivo, que, deste modo, pode fazer "desviar" ou transferir uma parcela substancial do património do falecido para uma outra esfera patrimonial absolutamente estranha à primeira.

O que se disse em relação ao cônjuge, pode aplicar-se aos outros sucessíveis que foram sofrendo um tratamento diverso desde o Código de Seabra, de 1867.

Assim, vejamos o quadro seguinte:

Até 31 de Maio de 1967, ou seja, na vigência do Código de Seabra, dispunha o seu art. 1969.º que:

"A sucessão legítima defere-se na ordem seguinte:

1.º Aos descendentes;

2.º Aos ascendentes, salvo no caso do artigo 1236;

3.º Aos irmãos e seus descendentes;

4.º Ao cônjuge sobrevivo;

5.º Aos transversaes não comprehendidos no n.º 3.º, até ao décimo grau;

6.º À Fazenda Nacional"

De 31 de Maio de 1967 a 31 de Março de 1978, dispunha o art. 2133.º:

"(Classes de sucessíveis)

A ordem por que são chamados os herdeiros, sem prejuízo do disposto no título da adopção, é a seguinte:

a) Descendentes

b) Ascendentes

c) Irmãos e seus descendentes

d) Cônjuge

e) Outros colaterais até ao sexto grau

f) Estado"

A partir de 1 de Abril de 1978, dispõe assim aquele art. 2133.º:

"Classes de Sucessíveis

1. A ordem por que são chamados os herdeiros, sem prejuízo do disposto no título da adopção, é a seguinte:

a) Cônjuge e descendentes;

b) Cônjuge e ascendentes;

c) Irmãos e seus descendentes;

d) Outros colaterais até ao quarto grau;
e) Estado"

Em face das alterações atrás descritas, fácil é constatar que o cônjuge foi ganhando uma posição de gradual relevo em matéria de sucessão e os colaterais passaram a ser chamados à herança apenas até ao quarto grau, sendo os irmãos e seus descendentes somente considerados em caso de inexistência de cônjuge, descendentes e ascendentes.

6.4. CLASSES DE SUCESSÍVEIS E SUA DETERMINAÇÃO FACE À LEI APLICÁVEL.

Como é sabido, a lei reguladora das sucessões, de acordo com o art. 62.º do C.C., é a lei pessoal do autor da sucessão, ao tempo do falecimento deste.

Daí, a grande importância em se ter bem presente os quadros relativos às linhas de sucessíveis que foram apresentados no ponto anterior.

Com efeito, uma das preocupações capitais será a de determinar, antes de mais e com rigor, qual a lei a aplicar na forma da partilha, de acordo com a data do falecimento do autor da herança.

Basta um pequeno descuido, no que concerne à lei aplicável ao tempo da abertura da sucessão, para que a partilha a que se procedeu resulte viciada.

Para ilustrar aquilo que acabámos de afirmar, expomos, de seguida, um caso prático paradigmático.

6.5. ENUNCIADO DE UM CASO PRÁTICO QUE ATRAVESSA AS VÁRIAS LEGISLAÇÕES

ENUNCIADO

No dia 1 de Maio de 1967 faleceu Agapito Pinto, no estado de casado, em primeiras núpcias de ambos e no regime da comunhão geral de bens, com Paupéria Sousa Pinto, sem ter deixado testamento ou qualquer outra disposição de última vontade.

Deste casamento, deixou dois filhos: Felismino e Acácio.

Em 4 de Julho de 1967, faleceu aquele filho Felismino, no estado de casado, em primeiras núpcias de ambos e no regime da comunhão geral de bens, com Raimunda.

Deixou duas filhas do casamento de ambos, Dinora e Maximiliana, e ainda um outro, de seu nome Aparício, filho do falecido e de Miquelina, com quem teve uma relação extraconjugal.

Deixou testamento, pelo qual instituiu sua mulher herdeira da quota disponível dos seus bens.

Em 7 de Julho de 1978, faleceu aquela Paupéria, no estado de casada, no regime da comunhão de bens adquiridos e em segundas núpcias dela e primeiras dele, com Florêncio, de 75 anos de idade.

Deixou quatro filhos vivos: Acácio, fruto do seu primeiro casamento, Vanessa, Sónia e Sandra, filhas do seu segundo casamento.

A autora da herança deixou testamento, pelo qual legou ao marido Florêncio o usufruto da sua herança, por conta da sua quota disponível.

Os filhos do seu pré-falecido filho ainda estão vivos. O Aparício faleceu em 2/1/1978, no estado de solteiro, tendo-lhe sucedido, como único herdeiro, seu filho David.

A herança a partilhar é composta pelos seguintes bens (descritos de forma muito sucinta, tendo em vista ilustrar o exemplo):

Verba 1 – Armazém – inscrito na respectiva matriz, sob o artigo 150, no valor patrimonial tributário e atribuído de 135 000,00 €;

Verba 2 – Casa de habitação, inscrita na respectiva matriz sob o artigo 20, no valor patrimonial tributário, igual ao atribuído, de 50 000,00 €;

Verba 3 – Leira, terreno de cultura, inscrito na respectiva matriz sob o artigo 2 500, no valor patrimonial tributário. igual ao atribuído, de 5 000,00 €;

Verba 4 – Lote de terreno para construção, inscrito na respectiva matriz sob o artigo 234, com o valor patrimonial tributário, igual ao atribuído, de 10 000,00 €.

Há que dar forma à partilha, sabendo que:
O armazém fica para o Acácio;
A casa fica para a Sónia;
Os terrenos ficam para o Florêncio.

RESOLUÇÃO

Para simplificar procedimentos, pode ser elaborado um mapa semelhante ao seguinte:

	Acácio	Raimunda	Dinora	Maximiliana	Aparício	Florêncio	Vanessa	Sónia	Sandra
Verba 1	135.000								
Verba 2								50.000	
Verba 3						5.000			
Verba 4						10.000			
Levam	135.000					15.000		50.000	
Quinhão	62.000	33.333	10.666	10.666	7.333	40.000	12.000	12.000	12.000
Excesso ou defeito	+73.000	-33.333	-10.666	-10.666	-7333	-25.000	-12.000	+38.000	-12.000

Parte III – Da Partilha Extrajudicial   149

Como se alcança do exemplo, a soma dos excessos é igual à soma dos decessos, havendo aqui apenas uma diferença de 2,00 €, que se desprezou para efeito de arredondamento.

Olhando para o quadro, verifica-se que o Acácio fica obrigado ao pagamento de I.M.T., pela importância de 73 000,00 € de excesso, provocado pelo prédio urbano que lhe coube e que não se destina exclusivamente a habitação.

A Sónia, embora leve um excesso de 38 000,00 €, fica isenta do pagamento de I.M.T., uma vez que aquele foi originado pelo prédio urbano destinado exclusivamente a habitação, e que lhe foi atribuído, não atingindo o excesso o mínimo valor patrimonial tributário para casas destinadas exclusivamente a habitação (81 600,00 €).

Todos os outros receberam tornas, nos valores indicados no quadro de "excesso ou defeito", pelo que não estão, igualmente, sujeitos a I.M.T., uma vez que não há excesso.

FUNDAMENTAÇÃO DOS RESULTADOS APURADOS

Somam os bens a partilhar o montante de 200 000,00 €.
Por morte do Agapito, falecido em 1 de Maio de 1967, a herança tem de ser dividida em duas partes iguais, de 100 000,00 € cada uma, correspondendo uma à herança do falecido, e a outra à meação do cônjuge sobrevivo, Paupéria, posto que eram casados no regime da comunhão geral de bens.

A herança do falecido, naquele montante de 100 000,00 € é, por sua vez, dividida em duas partes iguais, de 50 000,00 € cada uma, sendo uma para cada um dos filhos Felismino e Acácio. **(Note-se que, à data, o cônjuge não era herdeiro)**.

A herança do Felismino, no montante de 50 000,00 €, é dividida em duas partes iguais, de 25 000,00 € cada uma, sendo uma a herança do falecido e outra a meação do cônjuge sobrevivo, Raimunda.

Da herança do falecido, no montante de 25 000,00 €, há que retirar uma terça-parte, no montante de 8 333,00 €, correspondente à quota disponível que deixou, por testamento, à sua mulher Raimunda. O remanescente da sua herança, no montante de 16 667,00 € é dividida pelos filhos Dinora, Maximiliana e Aparício, sendo que este último, por ser filho ilegítimo (à luz da lei vigente), recebe metade de cada um dos seus irmãos consanguíneos.

Deste modo, a cada uma das filhas, Dinora e Maximiliana, cabe o montante de 6 666,00 €, e ao seu meio-irmão Aparício o montante de 3 333,00 €.

Assim, a viúva leva de meação e de legítima a quantia de 33 333,00 € (25 000,00 € + 8 333,00 €).

Da herança da Paupéria, no montante de 100 000,00 €, começa por retirar-se a importância relativa ao usufruto que deixou a seu marido Florêncio.

Este usufruto, calculado de acordo com a a alínea b), do art. 13ª do CIMT e tendo em apreço a sua idade de 76 anos, é de 20 000,00 €.

Do remanescente da herança, no valor de 80 000,00 €, retira-se uma quarta-parte, no montante de 20 000,00 €, que se destina a Florêncio, posto que, em face da lei aplicável, o seu quinhão é igual ao dos filhos, num mínimo de ¼.(atente-se que a Paupéria teve 5 filhos).

Deste modo, cabe ao Florêncio 20 000,00 + 20 000,00 €, o que perfaz o valor de 40 000,00 €.

O remanescente da herança da Paupéria, no montante de

Parte III – Da Partilha Extrajudicial

60 000,00 €, é dividido em cinco partes iguais, de 12 000,00 € cada uma, por tantos serem os filhos que aquela teve.

A herança do filho pré-falecido, Felismino, no montante de 12 000,00 €, é dividida em três partes iguais, de 4 000,00 € cada uma, por tantos serem os filhos que ele deixou (Dinora, Maximiliana e Aparício), netos daquela Paupéria e que recebem em representação de seu falecido pai.

Desta forma, cabe ao dito Florêncio, e como já se disse, 40 000,00 €.

A cada um dos Acácio, Vanessa, Sónia e Sandra, caberá a quantia de 12 000,00 € e a cada um dos netos, Dinora, Maximiliana e Aparício, caberá a quantia de 4 000,00 €.

O quinhão do Aparício, entretanto falecido, é adjudicado a seu filho David. Em resumo, o total a receber pelos herdeiros é o seguinte:

Acácio	50.000	+12.000	= 62.000
Raimunda	25.000	+ 8.333	= 33.333
Dinora	6.666	+ 4.000	= 10.666
Maximiliana	6.666	+ 4.000	= 10.666
David	3.333	+ 4.000	= 7.333
Florêncio	40.000		= 40.000
Vanessa	12.000		= 12.000
Sónia	12.000		= 12.000
Sandra	12.000		= 12.000

Do quadro supra resulta que a soma de todos os quinhões, no valor de 199 998,00 €, corresponde à herança a partilhar, no montante de 200 000,00 €, havendo apenas 2,00 € que foram desprezados para efeitos de arredondamento.

Não é demais chamar a atenção para o facto de que, casos como o acima exposto, aparecem com alguma frequência no nosso dia a dia. Donde, há que ter muito cuidado com a lei sucessória a aplicar.

6.6. TÍTULOS DE VOCAÇÃO SUCESSÓRIA E DETERMINAÇÃO DOS QUINHÕES HEREDITÁRIOS

Cumpre agora, face à lei sucessória em vigor, analisar os factos geradores do chamamento dos herdeiros. Assim, segundo o art. 2026.º do C.C., a sucessão é deferida por **lei (sucessão legal) e por testamento ou contrato (sucessão voluntária)**.

Na **sucessão legal**, podemos ainda distinguir entre a **sucessão legítíma e a legitimária**, sendo que esta última não pode ser afastada pelo autor da sucessão.

Da sucessão legítima

A sucessão legítima vem tratada no Capítulo I, do Título II do Livro V do Código Civil. Trata-se de um instituto a que se deita mão sempre que alguém morre *ab intestato,* ou seja, sem deixar disposição de sua última vontade. Com efeito, a partir do art. 2131.º do C.C. encontramos um conjunto de preceitos normativos que são de natureza supletiva, porquanto regulam a sucessão no silêncio do *de cujus.*

Acautelando eventuais repetições, na falta de disposição de última vontade, na actualidade são chamados à sucessão os seguintes herdeiros:

- **Cônjuge e descendentes**, sendo que o primeiro recebe tanto como os descendentes, não podendo em caso algum a sua quota ser inferior a uma quarta parte da herança;

- **Cônjuge e ascendentes**, sendo que, nesta classe, duas terças partes cabem ao primeiro e uma terça parte caberá aos ascendentes. Na falta do cônjuge, os ascendentes são chamados à totalidade da herança, sendo igualmente verdadeiro que, na falta dos ascendentes, o cônjuge será convertido em herdeiro universal.

Parte III – Da Partilha Extrajudicial   153

Sublinhe-se que o cônjuge não será chamado à herança se, à data da morte do autor da herança, se encontrar divorciado (até porque, neste caso, será já ex-cônjuge) ou separado judicialmente de pessoas e bens, por sentença já transitada em julgado ou que venha a transitar em julgado.

Todavia, e para que prevaleça um alto sentido ético no chamamento, a lei acautela ainda todas as situações em que, estando a acção de divórcio a decorrer e um dos cônjuges faleça na sua pendência, os herdeiros do autor da herança podem continuar a acção, por incidente e para efeitos patrimoniais, deste modo afastando o cônjuge da sucessão (n.º 3 do art. 1785.º *ex vi* do n.º 3 do art. 2133.º).

– Irmãos e seus descendentes, sendo que, no caso de se verificar o pré-falecimento de um ou de todos os irmãos, serão chamados os respectivos descendentes, em sua representação. Lembramos, também a propósito, que, concorrendo irmãos germanos, consanguíneos ou uterinos, o quinhão de cada um dos irmãos germanos, ou daqueles que os representem, é igual ao dobro de cada um dos outros;

– Outros colaterais até ao quarto grau. Nesta classe, havendo falta de herdeiros que preencham as classes anteriores, são chamados os restantes colaterais até ao quarto grau, preferindo sempre os de grau mais próximo;

– Estado, que é chamado à sucessão quando o autor da herança não deixe parentes até ao quarto grau e faleça intestado.

Direitos de natureza não patrimonial transmissíveis por morte

Por reputarmos adequado, introduzimos aqui umas breves referências acerca dos direitos de natureza não patrimonial que, também esses, podem transmitir-se para a esfera jurídica dos herdeiros.

Com efeito, dispõe a lei que o direito à indemnização por danos não patrimoniais decorrentes da morte da vítima (e autor da herança) cabe, em conjunto, ao cônjuge sobrevivo não separado judicialmente de pessoas e bens e aos descendentes, bem como aos outros sucessíveis que integram a segunda e a terceira classes (n.º 2 do art. 496.º do C.C.).

Para além deste, os direitos de personalidade são igualmente tutelados para além da morte. Consequentemente, podem o cônjuge sobrevivo, qualquer descendente, ascendente, irmão, sobrinho ou herdeiro do falecido requerer as providências adequadas à protecção do seu bom nome ou reputação ou dos direitos morais de autor de que, eventualmente, ele tenha sido titular e enquanto a obra não cair no domínio público.

O mesmo se torna válido nas acções relativas à investigação da maternidade ou da paternidade, em que o cônjuge não separado judicialmente de pessoas e bens e os descendentes do investigante podem prosseguir na respectiva acção, caso este faleça na sua pendência, ou mesmo intentá-la, quando ele não o tenha feito, sem prejuízo das regras da prescrição (art. 1818.º e 1873.º do C.C.).

Direitos intransmissíveis por morte

Por outro lado, há direitos que não se transmitem com a morte do seu titular, como acontece com o usufruto, o direito de uso ou habitação e a renda vitalícia que se extinguem *ipso facto*.

Da sucessão legitimária e da deserdação

Na sucessão legitimária estamos perante um conjunto de regras que não podem ser afastadas pela vontade do autor da herança, salvo nos casos de deserdação que se encontram previstos taxativamente pelo art. 2166.º do C.C. e que, na nossa lei, são muito restritos.

Estes casos são apenas os seguintes:

"a) Ter sido o sucessível condenado por algum crime doloso cometido contra a pessoa, bens ou honra do autor da sucessão, ou do seu cônjuge, ou algum descendente, ascendente, adoptante ou adoptado, desde que ao crime corresponda pena superior a seis meses de prisão;

b) Ter sido o sucessível condenado por denúncia caluniosa ou falso testemunho contra as mesmas pessoas;

c) Ter o sucessível, sem justa causa, recusado ao autor da sucessão ou ao seu cônjuge os devidos alimentos."

Ao contrário do que acontece na maior parte dos países de sistema anglo-saxónico, em que o autor da herança pode dispor quase livremente de todos os seus bens, o nosso Direito, à semelhança das outras legislações de matriz romano-germânica, condiciona a disposição feita pelo autor da herança.

Assim acontece na sucessão legitimária. Donde, na actual legislação, **herdeiros legitimários são o cônjuge, os descendentes e os ascendentes** que só podem ser despojados, pelo autor da herança, da quota disponível dos seus bens. A lei precisa com rigor qual é a legítima daqueles herdeiros, dispondo que:

- A legítima do cônjuge, se não concorrer com descendentes nem ascendentes, é de metade da herança;
- A legítima do cônjuge e dos filhos, em caso de concurso, é de dois terços da herança;
- Não havendo cônjuge sobrevivo, a legítima dos filhos é de metade ou de dois terços da herança, conforme exista um só filho ou existam dois ou mais;
- Os descendentes do segundo grau e seguintes têm direito à legítima que caberia ao seu ascendentes, sendo a parte de cada um fixada nos termos prescritos para a sucessão legítima;
- A legítima do cônjuge e dos ascendentes, em caso de concurso, é de dois terços da herança;

- Se o autor da sucessão não deixar descendentes nem cônjuge sobrevivo, a legítima dos ascendentes é de metade ou de um terço da herança, conforme forem chamados os pais ou os ascendentes do segundo grau e seguintes.

É o que dispõem os art.s 2156.º e ss do C.C..

Da sucessão voluntária

A sucessão voluntária é aquela que **pode ser regulada pelo autor da herança, por contrato ou por testamento**. Como já se referiu, este acto de disposição não pode ferir as legítimas consagradas pela lei, uma vez que repugna ao nosso sistema vigente afastar ou desproteger todos os que estiveram unidos ao *de cujus* por laços estreitos de parentesco ou pelo vínculo do casamento.

Em abono da verdade, há que referir que, hoje em dia, a sucessão voluntária baseada em contrato é uma figura rara. Estes contratos sucessórios são permitidos nos termos do art. 2028.º do C.C. que remete apenas para os casos contemplados pela lei, sendo nulos todos os demais.

Permitido será o caso da doação que houver de produzir os seus efeitos por morte do doador, se tiverem sido observadas as formalidades dos testamentos (art. 946.º do C.C.).

Disposição *mortis causa* na convenção antenupcial

A convenção antenupcial pode conter, além da fixação do regime de bens que vigorará durante o casamento, as disposições por morte seguintes:
- *"A instituição de herdeiro ou a nomeação de legatário em favor de qualquer dos esposados, feita pelo outro esposado ou por terceiro nos termos prescritos nos lugares respectivos;*

- *A instituição de herdeiro ou a nomeação de legatário em favor de terceiro, feita por qualquer dos esposados."*

Todavia, com a abolição do regime dotal, embora a lei actual continue a permitir disposições para além da morte nas convenções antenupciais (art. 1700.º do C.C.), nos nossos dias desenhou-se a tendência para dispor "mais tarde" de sua última vontade, contrariando-se a inclinação anterior e muito em uso na vigência do Código de Seabra, em que era habitual fazer disposições por morte em sede de convenção antenupcial.

Com efeito, as convenções antenupciais que vão sendo celebradas reduzem-se praticamente a afastar, total ou parcialmente, o regime de bens supletivo para vigorar na constância do casamento (art. 1717.º do C.C.).

Sem prejuízo do exposto, reputamos do maior interesse juntar minuta de uma convenção antenupcial que contém um pacto sucessório.

✓ Convenção antenupcial (com pacto sucessório)

No dia vinte de Outubro do ano dois mil e quatro, no Cartório Notarial de ..., perante mim F..., Notário do Cartório, compareceram como outorgantes:——————————————————
PRIMEIRO: Carla Cristina da Cunha Reboredo, solteira, maior, natural de Cedofeita, Porto, residente na Rua do Alecrim, 66, nesta cidade do Porto, com o seu BI n.º 334 567 23, emitido em 23/04/98, pelos S.I.C. de Lisboa;——————————————
SEGUNDO: Joaquim Leopoldo Montenegro Falcão, divorciado, natural de Sanfins, concelho de Mesão Frio, residente na Rua dos Cravos, 88, em Leça da Palmeira, Matosinhos, com o seu BI n.º 456 99, emitido em 05/07/2000, pelos S.I.C. de Lisboa:——————————————————————
—Verifiquei a identidade dos outorgantes pelos seus Bilhetes de Identidade:————————————————————
——————————POR ELES FOI DITO:——————————
—Que, tendo em vista o casamento que entre si estão em vias de celebrar, por esta escritura convencionam o seguinte:
—O regime de bens que irá vigorar no seu casamento é o da separação de bens, tal como vem regulado no Código Civil;—
——————Disse ainda o segundo outorgante:——————
a)– Tendo em vista aquele casamento, faz doação à primeira do imóvel sito na Rua das Tulipas, 233, da freguesia de Ramalde, cidade do Porto;——————————————————
b)– Ele segundo outorgante, esposado, doa ainda à primeira, sua esposada, todas as jóias que foram de sua mãe e que constam de: um colar de pérolas de três voltas, com fecho de brilhantes e rubis; uma gargantilha com esmeraldas sobre prata; um anel de ouro com camafeu florentino; um anel de platina com um solitário e duas pulseiras de ouro amarelo sem pedrarias;—————————————————————
c)– Que as doações atrás referidas são feitas para produzirem efeitos após a morte do doador, valendo como pacto sucessório:————————————————————————

Parte III – Da Partilha Extrajudicial

d)– Que as mesmas doações caducam nos termos da lei e ainda no caso de ocorrer divórcio ou separação judicial entre os outorgantes, com culpa da primeira;————————————
————————Disse a primeira outorgante:————————
—Que aceita as presentes doações, nos precisos termos exarados:————————————————————————
————————ASSIM OUTORGARAM:————————
—Eu, Notário, li e expliquei esta escritura aos outorgantes.

Na actualidade e como se disse, é mais comum dispor-se para além da morte por via testamentária.

Do Testamento

Podemos começar por distinguir entre o testamento público e o testamento cerrado (art.s 2205.º e 2206.º do C.C.).

Tem-se por **público** o *"testamento escrito por notário no seu livro de notas"*.

Considera-se testamento **cerrado** aquele que *"é escrito e assinado pelo testador, ou por outra pessoa a seu rogo, ou escrito por outra pessoa a rogo do testador e por este assinado"*.

Note-se, contudo, que este tipo de testamento deve ser aprovado por notário, nos termos da lei notarial, sendo que *"a data da sua aprovação é havida como data do testamento, para todos os efeitos legais"*.

É importante salientar, também, que nos termos do art. 2208.º do C.C. *"os que não sabem ou não podem ler são inábeis para dispor em testamento cerrado"*.

Esta modalidade de testamento está, felizmente, a cair em desuso, dado que, uma vez que o seu conteúdo não é controlado pelo Notário, acontece com muita regularidade que as disposições nele contidas vêm a revelar-se inexequíveis ou contrárias à lei.

Para além destes inconvenientes, a sua revogação pode consistir na sua simples destruição material, levada a cabo por um herdeiro descontente que, ao deparar com disposições que não lhe agradam, pode subtraí-lo e não o apresentar ao Notário para efeitos de abertura, facto que, por si só, é atentatório da vontade de quem testou.

E não se cuide que estes casos são esporádicos!
Bem pelo contrário! Na esmagadora maioria dos casos, não subsiste qualquer elemento de prova da destruição material consu-

Parte III – Da Partilha Extrajudicial 161

mada, a qual pode até ter sido executada pelo próprio autor do testamento, como forma de o anular. Aconselhamos, portanto, o recurso ao testamento público, sem qualquer receio pelo nome por que é consagrado na lei, já que este tipo de testamento é tão ou mais secreto do que o testamento cerrado e muito mais seguro.

Acresce que o testamento público, ao ser projectado, redigido e controlado na sua validade intrínseca por um técnico especializado, como é o caso do Notário, tem muito menos probabilidades de se encontrar inquinado por disposições, condições e termos imprecisos.

Da instituição de herdeiro e de legatário

Estabelece o art. 2030.º do C.C. que *"diz-se herdeiro o que sucede na totalidade ou numa quota do património do falecido e legatário o que sucede em bens ou valores determinados"*.

Contudo, **a deixa de usufruto** é sempre considerada um legado. Na verdade, a nota característica do legado prende-se com o facto de o seu objecto ser determinado ou determinável, pelo próprio legatário ou por terceiro.

Ao contrário do que ocorre com o herdeiro, que pode suceder na totalidade da herança (herdeiro universal) ou em parte alíquota ou indivisa desta, **o legatário é quem tem o direito de receber:**
- **Coisas determinadas e específicas** (v.g. o prédio urbano sito na Rua Santa Catarina, n.º 100, da cidade do Porto, ou o móvel de *Art Deco* que se encontra na sala de jantar da casa de morada do testador, ou ainda o colar de pérolas verdadeiras com duas voltas e um fecho de ouro cravado a brilhantes);

- **Coisas determinadas não especificadas.**
Neste conceito, englobam-se situações várias, tais como:

a) Os livros que compõem a biblioteca do testador, a sua colecção de selos ou numismática, o seu rebanho de ovelhas e outros valores que apresentam características próprias, pertencendo, consequentemente, a uma categoria de bens determinados. Embora possam não ter sido previamente especificados pelo testador, não deixam, por isso, de ser coisas determinadas e facilmente especificáveis (estes são os academicamente chamados legados de *universalidades de facto*);

b) **Deixa de herança ou de quota de herança** ainda não partilhada, como se consubstancia numa disposição desta natureza: *"deixo a minha irmã Guilhermina o quinhão hereditário que me pertence na herança de meu pai"* (estes legados são chamados pelos teóricos de *legados de património autónomo ou de unidades jurídicas*);

c) **Deixa de usufruto de herança.** Aqui trata-se indiscutivelmente de um legado, mesmo que o testador classifique a deixa de outro modo. Neste caso, não estamos perante uma instituição de herdeiro, ainda que o usufruto incida sobre a totalidade da herança (n.º 4 do art. 2030.º do C.C.). O usufruto, sendo um direito real de gozo, caduca com a morte do seu titular ou com o decurso do prazo pelo qual foi constituído, mesmo que tenha sido transmitido (trespassado) pelo usufrutuário a terceiros (art.s 1443.º e 1444.º do C.C.). Note-se, a propósito do citado art. 1443.º que a duração máxima do usufruto constituído a favor de uma pessoa colectiva é de 30 anos.

Todavia, e não obstante o usufruto ser um direito precário e aquele que o recebe por testamento ser um mero legatário, **o seu titular equipara-se aos herdeiros**, nomeadamente no que concerne a sua legitimidade para vir requerer ou para intervir no inventário, nos termos do disposto na al. a) do art. 1327.º do C.P.C.

É prática notarial muito avisada dispensar o usufrutuário de prestar caução quando o testador pretenda legar o usufruto sem demais encargos para o beneficiário, uma vez que, no silêncio do título constitutivo do usufruto (neste caso o testamento), o dono da raíz pode exigir do usufrutuário a prestação de uma caução (art. 1468.º e 1469.º do C.C.).

d) **Coisas genéricas a determinar pelo próprio legatário ou por terceiro** (v.g. uma das moradias que o testador possui na freguesia de Santo Ildefonso, na cidade do Porto, à escolha do legatário).

Pode acontecer: que **a coisa não exista no património do testador** à hora da sua morte, o que acarreta a nulidade do legado (n.º 1 do art. 2254.º do C.C.); que **a coisa exista no património do testador mas não na quantidade legada**, o que implica que o legatário só tenha direito à quantidade que existir (n.º 2 do citado preceito normativo).

O legado pode incidir também sobre **coisa pertencente ao onerado ou a terceiro**. Sendo, em princípio, ferido de nulidade, pode não o ser se o testador sabia que não lhe pertencia ou se, posteriormente e por qualquer título, a coisa se tiver tornado propriedade do testador.

De resto, a matéria respeitante a legados de coisa pertencente ao onerado ou a terceiro, pela sua complexidade, reclama uma análise atenta e cuidada do art. 2251.º do C.C..

O testador pode ainda deixar **legado a um seu credor.** Neste caso, se aquele não referir que o legado se destina a ressarcir a dívida, o legado beneficia por inteiro o seu beneficiário e a dívida não se extingue, por via dele (ar. 2260.º).

Diga-se, também, que o **legado de um crédito** só produz efeitos em relação ao montante que subsista à morte do testador. Contudo, se o testador legar a totalidade dos seus créditos, em caso de dúvida, deve entender-se que o legado só compreende os créditos em dinheiro (art.s 2261.º e 2262.º do C.C.).

Cumpre agora referir que, quando o legado consiste no **recheio de uma casa**, no silêncio do testador não se inclui nesse recheio quaisquer créditos, ainda que os respectivos títulos nela se encontrem (art. 2263.º do C.C.).

Para além dos legados patrimoniais, pode o testador fazer **legados favor da alma**. Esta prática, estreitamente ligada à tradição religiosa, foi muito observada em séculos anteriores, não deixando de ser frequente nos nossos dias. Assim, o testador inclui frequentemente disposições a favor da sua própria alma, ou da de terceiros, concretizando as suas pretensões através de encargos para os vivos que lhe sucedem, os quais deverão, v.g. mandar rezar um trintário de missas, enfeitar o seu sepulcro, fazer um funeral com maior ou menor pompa e dar esmolas para salvação da alma do defunto (art. 2224.º do C.C.).

Há ainda os legados pios, previstos no art. 2280.º do C.C. que são regulados por lei especial.

O testador pode optar por fazer um legado **por conta da quota disponível ou por conta da legítima** do seu sucessível, sendo ponto assente que, no silêncio do testador, o legado é sempre imputável na quota disponível (art. 2165.º do C.C.).

O legado por conta da legítima tem, muitas vezes, uma função preventiva de conflitos. Aqui o testador antecipa-se à partilha, ao preencher, ele mesmo, cada um dos quinhões dos herdeiros, no todo ou em parte, com bens que especifica. Este tipo de legado pode revestir algum interesse para os herdeiros que, também por respeito à última vontade do testador, se subtraem às quezílias supervenientes que decorrem da partilha.

O testador pode ainda aproveitar o acto para **reconhecer a paternidade de um filho** (al. b) do art. 1853.º do C.C.), nomear tutor de um menor (n.º 3 do art. 1928.º do C.C.), bem como para **nomear o seu testamenteiro** (art. 2320.º C.C.).

Muito a propósito, apresentamos alguns exemplos de testamento público.

✓ Testamento (instituição de herdeiro universal com encargos a favor da alma)

No dia três de Janeiro de dois mil e quatro, no Cartório Notarial de ....perante mim,.............. Notário do Cartório, compareceu como outorgante:————————————————
David Nelson Teixeira, viúvo, natural de Sé, Porto, residente na Rua Estreita, 113, 1.º, Porto, nascido em doze de Janeiro de mil novecentos e quarenta e cinco, filho de António Teixeira e de Leocádia Silva com o B.I. n.º 3482497, de 18-9-95, do Porto, pelo qual verifiquei ser o próprio:————————————————POR ELE FOI DITO:————————
—Que, por este testamento, uma vez que não tem quem se presuma seu herdeiro forçado, dispõe o seguinte:————————
—Institui sua herdeira universal Custódia da Silva Teixeira, sua sobrinha, com a obrigação de lhe providenciar e custear o seu funeral e de mandar rezar um trintário de missas por sua alma e outro por alma de sua falecida mulher, Ana Custódia Teixeira:————————————————
————————————————ASSIM OUTORGOU:————————
—Foram testemunhas: Maria dos Prazeres e Morais, viúva, residente na Rua do Morgado 50, Porto e Maria da Purificação Carvalho, casada, residente na Rua dos Portistas 18, r/c, Porto, cuja identidade verifiquei pelos B.I. nas 6766886, de 16-11-96, de Lisboa e 6929407, de 12-9-96, do Porto:————
—Eu, Notário, li e expliquei este testamento ao outorgante.

✓ Testamento com revogação do anterior

—No dia nove de Dezembro de dois mil e quatro, no Cartório Notarial de...... perante mim............, Notário do Cartório, compareceu como outorgante:——————————————
Engrácia Silveira, viúva, natural de Cedofeita, Porto, residente na Rua do Sol, 25 Leiria, Porto, filha de José Silveira e de Maria da Conceição, nascida em vinte e dois de Dezembro de mil novecentos e catorze com o seu B.I. n.º 3003207, emitido em 11-6-98 pelos S.I.C. de Lisboa, pelo qual verifiquei ser a própria:——————————————————
————————————Por ela foi dito:——————————
—Que, uma vez que não tem quem se presuma seu herdeiro forçado, por este testamento, dispõe o seguinte:————
UM— Institui sua herdeira universal Miquelina da Conceição Santos, sua prima;——————————————————
DOIS— Revoga todo e qualquer testamento anterior, nomeadamente o lavrado no Cartório Notarial de..... a folhas ..., do livro....——————————————————————
————————————ASSIM OUTORGOU:————————
—Foram testemunhas: Gaspar da Silva, solteiro, maior, residente na Rua de António Feliciano de Castilho, 212, Lisboa, e Carlos da Encarnação, divorciado, residente na Rua da Rasa, 2, Porto, cuja identidade verifiquei pelos B.I. nas 2878974, de 7-4-93, de Lisboa e 2730883, de 4-10-93, do Porto:————
Eu, Notário, li e expliquei este testamento à outorgante.

✓ Testamento com legado de usufruto com dispensa de caução

— No dia quatro de Novembro de dois mil e quatro no Cartório Notarial de ...., de perante mim....., Notário do Cartório, compareceu como outorgante:————————————————
— Maria Leocádia Teodoro, solteira, maior, natural de Benfica, Lisboa, residente na Rua das Maravilhas, 20, Cacém, nascida em dois de Julho de mil novecentos e cinquenta e dois, filha de Antero Teodoro e de Eleutéria Silva, com o seu B.I. n.º 1102019, de 18-9-92, de Lisboa, pelo qual verifiquei ser a própria:————————————————————————
————————————————Por ela foi dito:————————————
— Que, por este testamento, uma vez que não tem quem se presuma seu herdeiro forçado, dispõe o seguinte:—————————
a)– lega o usufruto de todos os seus bens, com dispensa de caução, a Celestino Vitorino Silva, consigo residente;—————
b)– Institui seu herdeiro universal José Casimiro Teodoro, seu irmão:————————————————————————————
————————————ASSIM OUTORGOU:————————————
— Foram testemunhas: Manuel António Santos, divorciado, residente na Rua dos Atletas Cansados, n.º 4, 3.º Esq.º, Porto e Sónia Marisa Carvalho, solteira, maior, residente na Trav. das Casas Velhas, n.º 20, no Porto, meus conhecidos:————
Eu, Notário, li e expliquei este testamento à outorgante.

Parte III – Da Partilha Extrajudicial 169

✓ Testamento com legado de recheio e instituição de herdeiros do remanescente

No dia três de Fevereiro de dois mil e quatro artório Notarial de ...., perante mim ...., Notário do Cartório, compareceu como outorgante:————————————————————
— Leopoldina de Jesus Amável, casada, nascida em vinte e quatro de Janeiro de mil novecentos e trinta e um, natural da freguesia da Sé, cidade do Porto, filha de Jerónimo Freitas Amável e de Anacleta de Jesus Amável, residente na Travessa dos Pardais, 24, no Porto, cuja identidade verifiquei por abonação das testemunhas adiante identificadas:————————
————————————POR ELA FOI DITO:————————
Que, por este testamento, que é o primeiro que faz, uma vez que não tem descendentes nem ascendentes vivos, dispõe o seguinte:————————————————————————
UM– Institui herdeiro da quota disponível de seus bens seu marido, Felisberto Alberto Pimenta, determinando que essa quota comece a ser preenchida, preferencialmente, com a casa de morada de família de ambos;————————————
DOIS– Para o caso de seu marido não lhe sobreviver lega, a sua criada Custódia Fonseca, a sua casa de morada, com todo o seu recheio, nomeadamente o respectivo mobiliário, electrodomésticos, utensílios, adornos, roupas, louças e objectos decorativos, com excepção de jóias, dinheiros e aplicações financeiras, mesmo que os respectivos títulos eventualmente lá se encontrem;————————————————

TRÊS– Também para o caso do seu marido não lhe sobreviver, institui herdeiros do remanescente dos seus bens, suas primas Graciete de Sousa Campos e Carlota de Sousa Campos, filhas de sua tia Celeste de Sousa Campos:————————
————————————ASSIM OUTORGOU:————————
— Foram testemunhas Gervásio Picarote, viúvo, residente na

Travessa do Campo Largo, 111, Perafita, Matosinhos e Rosália da Inocência Pinto, viúva, residente na Rua dos Desamparados, 33, Vila Nova de Gaia, cuja identidade verifiquei pelos seus B.I., respectivamente, n.ºs 333 222 111 e 222 111 444, ambos emitidos em 31/12/1978, pelos S.I.C. de Lisboa:————
— Este testamento foi lido à outorgante e o seu conteúdo explicado.

Parte III – Da Partilha Extrajudicial 171

✓ **Testamento com legados, instituição de herdeiro do remanescente (pessoa colectiva) e nomeação de testamenteiro – verificação de identidade por abonação das testemunhas.**

— No dia treze de Novembro do ano dois mil e quatro Cartório Notarial de..., perante mim, F..., Notário do Cartório, compareceu como outorgante:————————————————————
— Acácio Antunes Bento, casado, natural da freguesia de Ovelha e Aliviada, concelho de Marco de Canaveses, residente na Rua dos Abetos, 123, no Porto, nascido em vinte de Dezembro de mil novecentos e trinta, filho de Aventurino da Silva Bento e de Felisberta Antunes, cuja identidade verifiquei por abonação das testemunhas adiante identificadas:————
————————————Por ele foi dito:————————————
— Que, por este testamento, uma vez que não em quem se presuma seu herdeiro forçado, a não ser sua mulher, dispõe o seguinte:————————————————————————
Um– É de sua vontade que sua mulher, Maria Pureza da Costa Antunes, de acordo com a lei, seja sua herdeira universal;————————————————————————————
Dois– No entanto, para o caso de sua mulher lhe não sobreviver, dispõe o seguinte:————————————————
a)– Lega a sua irmã Maria Ester Antunes Bento, a quantia de dez mil euro;————————————————————————
b)– Lega a cada um dos seus irmãos, Camilo Antunes Bento e Macário Antunes Bento, a quantia de vinte mil euro;————
c)– Lega a cada um dos seus sobrinhos Carlota, Joaquina, Bernardo e Salvador, filhos de seu falecido irmão Bernardino Antunes Bento, a quantia de cinco mil euro;————————
d)– Lega a cada uma de sua sobrinhas Carla Sofia, Sónia Marisa e Alexandra Vanessa, filhas daquela sua irmã Ester a quantia de cinco mil euro;————————————————

e)– Lega a sua empregada Emília Silva, se ela ainda se encontrar ao seu serviço à hora da sua morte, a quantia de cinco mil euro;————————————————————————————————
f)– Institui herdeiros do remanescente da sua herança, em partes iguais, as seguintes Instituições: "Raparigas sem Abrigo" e "Casa dos Rapazes", ambas com sede no Porto;————
g)– Nomeia seus testamenteiros, com as competências que a lei lhes atribuir, Carlota da Anunciação Pontes de Almeida e José Abílio Fontes, residentes na Rua de Miguel da Ponte, n.º 4556, no Porto:————————————————————————————
Três– Revoga todo e qualquer testamento anterior, nomeadamente o lavrado no Cartório Notarial de..., a folhas trinta e oito verso, do competente livro número cento e quarenta e um.——
————————————————ASSIM OUTORGOU.————————————————
— Foram testemunhas: José Silva, casado, residente na Rua da Estação, 55, Porto e Maria Carolina Cunha Dias, casada, residente na Rua da Anunciação, 56, no Porto, cuja identidade verifiquei pelos seus B.I., respectivamente, n.ºs 123 456 788, de 12-3-78 e 134 675 897, de 34-8-89, ambos pelos S.I.C.do Porto:————————————————————————————————————
Eu, Notário, li expliquei e expliquei este testamento ao outorgante.

7. CESSÃO DO QUINHÃO HEREDITÁRIO

Quando há uma herança que ainda está indivisa os co-herdeiros e o meeiro (se o houver) detêm os bens que integram a massa dessa herança **em comum e sem determinação de parte ou direito**, como adiante falaremos com maior detalhe.

Desse modo, podem fazer registar em seu nome todos ou alguns dos prédios que compõem essa herança. A determinação de parte só se faz por via da partilha.

No entanto, **não se pretendendo, ou não sendo possível, proceder de imediato à partilha**, pode ocorrer uma de duas situações:

- Aquela em que herdeiros e meeiro, em conjunto, pretendem alienar alguns ou todos os prédios que compõem a herança;
- Ou aquela em que algum ou alguns dos herdeiros pretendem afastar-se da herança mediante a alienação do seu quinhão hereditário.

No primeiro caso, pode celebrar-se a escritura de compra e venda baseada:

- No registo a favor do autor da herança, complementado pela habilitação de herdeiros comprovativa da nova titularidade de quem lhe sucedeu;
- No registo a favor dos herdeiros e do meeiro (se o houver), em comum e sem determinação de parte ou direito, para o qual a habilitação é título bastante, sem prejuízo das normas fiscais aplicáveis (Título matricial actualizado e certidão comprovativa da participação dos prédios em causa, para efeitos de liquidação do imposto sucessório).

No segundo caso, o resultado obtém-se com a outorga de uma escritura de cessão de quinhão hereditário. Trata-se de um acto muito simples, até porque como o que está em causa é a alienação de um direito, não há que obedecer às normas aplicáveis ao "trato sucessivo".

Aqui não tem aplicação o preceituado no art. 54.º do Código do Notariado, uma vez que não se trata de uma verdadeira alienação de prédios (embora da massa da herança possa fazer parte um ou mais prédios) mas da alienação de um direito.

Dispõe o n.º 1 do art. 2126.º do C.C. *"A alienação da herança ou de quinhão hereditário será feita por escritura pública, se existirem bens cuja alienação deva ser feita por essa forma"*.

Quando seja o meeiro a querer afastar-se da herança, há que ter em atenção se o meeiro pretende alienar tão só a sua **meação** ou, no caso de também ser herdeiro, se pretende alienar esse mesmo **quinhão**, para além da sua meação.

Como se depreende, esta escritura torna-se muito simplificada e quase despida de documentos, reduzindo-se à identificação pessoal e fiscal dos outorgantes e ao comprovativo de cobrança do I.M.T., quando a ele houver lugar.

Refira-se, todavia, que na prática notarial há quem exija, também, a habilitação de herdeiros.

A cessão da herança ou de quinhão tanto pode fazer-se entre herdeiros, como a favor de estranhos. O adquirente, se for co-herdeiro, vai outorgar na futura partilha como titular do seu quinhão e dos quinhões que adquiriu.

Se o adquirente for um estranho, intervém na partilha como se herdeiro fosse. Neste último caso, há que não esquecer que os co-herdeiros gozam do **direito de preferência** nos mesmos termos em que este assiste aos comproprietários.

Quando haja comunicação, o prazo para exercer o direito de preferência é de dois meses (art. 2130.º do C.C.).

Parte III – Da Partilha Extrajudicial 175

A escritura de cessão do quinhão hereditário é título bastante para, nas competentes Conservatórias, se proceder ao averbamento, a favor do adquirente, da posição que o herdeiro ou meeiro alienante tinham nessa inscrição.

Pode mesmo, através deste mecanismo, reunir-se na mão de um só titular a propriedade de todos os bens que compõem a herança.

Há que ter na devida nota o disposto no art. 2128.º do C.C. no que toca à sucessão nos encargos, que reza: *"O adquirente de herança ou de quinhão hereditário sucede nos encargos respectivos, mas o alienante responde solidariamente por esses encargos, salvo o direito de haver do adquirente o reembolso total do que assim houver despendido"*. Confronte-se também, para este efeito, o art. 2129.º do C.C..

Apresenta-se agora um exemplo muito simples ilustrativo de uma escritura de compra e venda de quinhão hereditário.

✓ Compra e venda de quinhão hereditário

— No dia dez de Janeiro do ano dois mil e quatro, no Cartório Notarial de ..., perante mim, F...., Notário do Cartório, compareceram como outorgantes:————————————
—————————————PRIMEIROS:—————————————
— **MARIA GERVÁSIA** ...e marido **FERNANDO** ...., casados sob o regime da comunhão geral de bens, naturais da freguesia de Cedofeita, concelho do Porto, residentes na Rua da Couve Murcha, 163, Senhora da Hora, Matosinhos, portadores dos B.I. n.ºs 12 890 678, de 21/01/1998, Lisboa e 237 890 678, de 18/02/1998, Lisboa, NIF 108 612 350 e 158 238 443:————————————————————
—————————————SEGUNDA:—————————————
— **MARIA** ...., casada sob o regime da comunhão geral com **JUDAS** ...., natural da dita freguesia de Cedofeita, residente na Rua dos Assustados, 296, 1.º Esq.º, Porto, NIF 123 456 789, portadora do bilhete de identidade número 1 657 897, de 12/02/1998, Porto:————————————————————
— Verifiquei a identidade dos outorgantes por exibição dos referidos bilhetes de identidade.————————————————
————————DISSERAM OS PRIMEIROS OUTORGANTES:————
— Que, pela presente escritura e pelo preço de **cinco mil euro,** que já receberam, vendem à segunda outorgante, Maria Palmira, o seguinte:————————————————
— O QUINHÃO HEREDITÁRIO da primeira outorgante na herança ilíquida e indivisa, aberta por óbito de AGRIPINA ...., falecida em vinte e três de Outubro de mil novecentos e noventa e nove, na Rua Júlio Isidro, 902, 7.º direito, em Lisboa.————————————————————————
————————**PELA SEGUNDA OUTORGANTE, FOI DITO:**————
— Que ———— aceita esta venda nos termos exarados.————
— **ASSIM O DISSERAM E OUTORGARAM.**————————
— **ARQUIVO:** Declaração para a liquidação do IMT e respectivo documento de cobrança n.º ..., passado em ..., no montante de————————————————————————

Parte III – Da Partilha Extrajudicial　177

— Esta escritura foi lida aos outorgantes e aos mesmos explicado o seu conteúdo.

Nota: De acordo com o n.º 3, do art. 21.º, do CIMT, a liquidação do IMT é promovida pelo serviço de Finanças competente para a liquidação do imposto do selo. Em princípio, o serviço competente é o da residência do autor da herança (Cfr. art. 25.º, do Código do Imposto do Selo).

8. DO REPÚDIO DE HERANÇA OU DE LEGADO

O repúdio da herança vem regulado na Capítulo V do Título I do Livro V do Código Civil.

Muito em síntese refira-se as suas características fundamentais:

- Os efeitos do repúdio retroagem ao momento da abertura da herança;
- **O sucessível que repudia a herança considera-se como não chamado à sucessão, salvo para efeitos de representação.** Este aspecto é importantíssimo já que, se o herdeiro que repudia uma herança tiver descendentes, são estes que o vão representar na sucessão não acrescendo, portanto, a parte do repudiante à dos restantes herdeiros, excepto se aquele não deixar descendentes;
- **O repúdio está sujeito à forma exigida para a alienação da herança.** Isto quer dizer que, v.g., se do acervo da herança fizerem parte bens imóveis, o repúdio só se poderá efectuar por escritura pública;
- **A herança não pode ser repudiada sob condição ou a termo**, ou seja, quem repudiou afastou-se da herança, de imediato e definitivamente, salvo para efeitos de representação;
- **A herança não pode ser repudiada só em parte**. Se alguém for chamado à herança, simultânea ou sucessivamente, por testamento e por lei, e a aceita ou repudia por um dos títulos, entende-se que a aceita ou repudia pelo outro. Todavia, pode aceitá-la ou repudiá-la pelo primeiro, não obstante a ter repudiado ou aceitado pelo segundo, se ao tempo ignorava a existência de testamento.

O sucessível legitimário que também é chamado à herança por testamento pode repudiá-la quanto à quota disponível e aceitá-la quanto à legítima;

- **O repúdio da herança é irrevogável**. No entanto é anulável se se verificar ter havido dolo ou coacção, mas não com fundamento em simples erro;

- Os credores do repudiante podem aceitar a herança em vez dele, no prazo de seis meses a contar do conhecimento do repúdio, nos termos do art. 606.º e ss do C.C, *ex vi* do n.º 1 do art. 2067.º deste diploma. Uma vez pagos os seus créditos, o remanescente da herança repudiada aproveita apenas aos herdeiros imediatos.

Juntamos um singular exemplo de um repúdio de herança:

✓ **Repúdio de herança**

—No dia dez de Setembro do ano dois mil e quatro, no Cartório Notarial de..., perante mim, F..., Notário do mesmo Cartório, compareceu como outorgante:—————————
—**Romualda ...,** viúva, natural da freguesia de Sé, da cidade do Porto, residente na Rua dos Piratas, 213, Porto, CF. n.º 145.765.390, portadora do B.I. n.º 123 456 567, emitido em 16 de Dezembro de 1997, pelos S.I.C.do Porto:———
—Verifiquei a identidade da outorgante por exibição do bilhete de identidade.—————————————————
——————————DISSE——————————
—Que, tendo descendentes e não tendo aceitado a herança, nem tácita nem expressamente, por esta escritura, repudia a herança por morte de seu pai **Belchior ...,** natural da freguesia de Rio Seco, concelho de São João da Pesqueira, falecido, no estado de viúvo, no dia trinta de Janeiro de mil novecentos e noventa e oito, na freguesia de Cedofeita, da cidade do Porto e que teve a sua última residência habitual à Rua ...., 52, rés-do-chão, esquerdo, no Porto:————————
——————**ASSIM DISSE E OUTORGOU**:—————
—Esta escritura foi lida à outorgante e à mesma explicado o seu conteúdo.

9. DA ACEITAÇÃO DA HERANÇA

Em relação a este instituto há que salientar:

- Ao contrário do repúdio, **a aceitação da herança pode ser expressa ou tácita,** tendo em conta que os actos de administração praticados pelo sucessível não implicam a aceitação tácita;
- Também não importa aceitação a alienação da herança, a título gratuito, a favor dos herdeiros que seriam chamados, no caso do sucessível a ter repudiado;
- A aceitação não pode ser feita sob **condição ou a termo,** nem só em parte, salvo o disposto no art. 2055.º do C.C., tal como ficou dito a propósito do repúdio;
- De resto, e como dispõe o art. 2051.º, *"Sendo vários os sucessíveis, pode a herança ser aceita por algum ou alguns deles e repudiada pelos restantes"*;
- Os efeitos da aceitação **retroagem ao momento da abertura da sucessão;**
- Se o sucessível falecer sem que tenha aceitado ou repudiado a herança, **o direito de a aceitar ou repudiar transmite-se aos seus herdeiros.** No entanto, se estes tiverem repudiado a herança daquele, não poderão fazer aquela aceitação, sem prejuízo do direito de repúdio;
- O direito de aceitar a herança caduca no prazo de **dez anos** a contar do momento em que o sucessível tem conhecimento de ter sido a ela chamado, e não a contar da data da abertura da herança, como acontecia anteriormente. Quando exista instituição de herdeiro sob condição suspensiva, este prazo será contado a partir do conhecimento da verificação da condição. No caso de substituição fidcicomissária, o prazo conta-se a partir do conhecimento da morte do fiduciário ou da extinção da pessoa colectiva, se for o caso.

10. INSTRUÇÃO DA ESCRITURA DE PARTILHA POR MORTE

10.1. HABILITAÇÃO DE HERDEIROS

Nos termos do n.º 1 do art. 83.º, conjugado com o art. 84.º e ainda com o art. 68.º, todos do Código do Notariado, a habilitação de herdeiros consiste na declaração feita em escritura por **três declarantes** que:

- O Notário considere dignas de crédito;
- Não sejam parentes sucessíveis dos habilitandos, nem cônjuge de qualquer deles;
- Estejam no seu perfeito juízo;
- Entendam a língua portuguesa;
- Sejam maiores ou emancipados e que não sejam surdos, mudos ou cegos;
- Não sejam funcionários ou pessoal contratado em qualquer regime em exercício no Cartório Notarial onde é lavrada a escritura;
- Não sejam cônjuges, parentes e afins, na linha recta ou em segundo grau da linha colateral, tanto do Notário que intervier no instrumento, como de qualquer dos herdeiros;
- Não sejam marido e mulher entre si;
- Não obtenham qualquer vantagem patrimonial por efeito do acto;
- Saibam e possam assinar.

Em alternativa, o novo Código do Notariado permite que estas declarações sejam feitas por quem desempenhar o cargo **de cabeça de casal** (n.º 2 do art. 83.º deste diploma).

Estas declarações versarão sobre se o falecido deixou, ou não, disposição de última vontade, a identificação dos herdeiros do *de cujus* e ainda de que não há quem lhes prefira ou quem com eles concorra na sucessão.

Parte III – Da Partilha Extrajudicial 183

Assim, **a escritura de habilitação de herdeiros serve para dotar de forma autêntica a declaração de quem são os herdeiros de uma determinada pessoa.** Para tanto, há que ter em atenção:

- Qual a lei aplicável à data da sucessão e qual é a lei pessoal do autor da herança;
- Se o falecido deixou testamento ou qualquer outra disposição de última vontade.

Este tipo de escritura permite resolver muitas situações que, de outro modo, só poderiam ser regularizadas através da partilha, a qual pode ser complexa e demorada, em especial no que toca ao entendimento, entre os herdeiros, quanto ao preenchimento dos seus quinhões.

Na verdade, mostra-nos a prática que a partilha pode desencadear profundos desentendimentos, muitas vezes irremediáveis, entre pessoas que, até aí, nunca tinham atravessado um conflito grave.

Há, todavia, casos em que os herdeiros de determinada pessoa falecida apenas pretendem, com a habilitação, registar na competente Conservatória do Registo Predial ou Comercial, em seu nome (e do meeiro, se o houver), os bens que constituem a massa da herança. Este registo será feito em nome de todos, herdeiros e meeiro, em comum e sem determinação de parte ou direito.

E isto porque, em muitos casos, **não pretendem prosseguir para a partilha, porquanto têm já em vista a alienação desses bens, o que fazem em conjunto**. Consequentemente, a habilitação, tendo sempre que preceder a partilha, pode, por outro lado, bastar-se a si mesma.

Com efeito, segundo o art. 86.º do Código do Notariado, **a habilitação notarial tem os mesmos efeitos da habilitação judi-**

cial e é título bastante para que se possam fazer em comum (e sem determinação de parte ou direito), a favor dos herdeiros e do cônjuge meeiro os seguintes actos:

- Registos nas Conservatórias do Registo Predial;
- Registos nas Conservatórias do Registo Comercial e da Propriedade Automóvel;
- Averbamentos de títulos de crédito;
- Averbamentos da transmissão de direitos de propriedade literária, científica, artística ou industrial;
- Levantamentos de dinheiros ou de outros valores.

Imaginemos um caso:

Um imóvel foi registado a favor de A, casado na comunhão geral com B, já falecido.

Este deixou como meeiro A e, como herdeiros, o seu cônjuge A e mais três filhos. Pretende-se vender esse prédio, mas não se procedeu à partilha por morte de B.

Como proceder?

1.º – Há que outorgar a escritura de habilitação de herdeiros;

2.º – Pode registar-se, na competente Conservatória do Registo Predial, em comum e sem determinação de parte ou direito, a favor do cônjuge meeiro e dos herdeiros, o imóvel que se pretende alienar ou apenas apresentar-se ao Notário prova do registo do imóvel a favor do autor da herança bem como exibir-se a escritura de habilitação de herdeiros;

3.º – Todos em conjunto (meeiro e herdeiros) e os respectivos cônjuges, se o regime matrimonial não for o da separação de bens, podem, então, alienar o bem sem necessidade alguma de o partilhar previamente.

Parte III – Da Partilha Extrajudicial 185

Claro está que, registado um imóvel com base numa habilitação de herdeiros, como atrás ficou dito, **nenhum dos titulares do registo pode partir do princípio que detém uma quota parte determinada nesse bem.**

O seu quinhão hereditário pode ser de 1/5, por exemplo, mas essa quota-parte refere-se à massa da herança e não a qualquer um dos bens específicos que foram registados com base na habilitação. **Só a partilha é que irá determinar o que cada um deles detém em relação a cada bem que compõe a herança.**

Numa óptica pragmática, sempre se poderá perguntar: se o que se pretende é alienar o bem, para quê partilhá-lo primeiro?

10.2. DOCUMENTOS PARA INSTRUIR UMA ESCRITURA DE HABILITAÇÃO DE HERDEIROS

Para se instruir uma escritura de habilitação de herdeiros, torna-se necessário, nos termos do art. 85.º do Código do Notariado, os seguintes documentos:
- Fotocópia/Certidão de óbito do autor da herança;
- Documentos justificativos da sucessão legítima quando nesta se fundamente a qualidade de herdeiro de alguns dos habilitandos;
- Certidão de teor do testamento ou da escritura de doação por morte, mesmo que a sucessão não se funde em algum destes actos.

Por exemplo: se os herdeiros forem o cônjuge supérstite e os filhos, serão necessárias a certidão de óbito e de casamento do falecido e a certidão de nascimento dos filhos.

10.3. HABILITAÇÃO SEGUNDO LEI ESTRANGEIRA

Quando se está a preparar uma habilitação, há que atender – e hoje em dia cada vez mais – à lei pessoal do *de cujus* (art. 62.º C.C.).

Segundo o n.º 2 do art. 85.º do Código do Notariado, quando a lei reguladora da sucessão não for a portuguesa, e o Notário a não conhecer, a escritura deve ser instruída com documento idóneo comprovativo da referida lei.

Adiante incluimos alguns exemplos de escrituras de habilitação de herdeiros que se reportam a casos de fácil compreensão e segundo a lei portuguesa:
- A primeira diz respeito a uma situação em que há um filho pré-falecido e os filhos deste, netos do autor da herança, são chamados à sucessão em representação do seu pai;

Parte III – Da Partilha Extrajudicial   187

- A segunda refere-se a uma herança aberta depois do Código de Seabra mas anterior à entrada em vigor da actual redacção do Código Civil;
- A terceira é um caso em que se exarou, numa única escritura, a habilitação por morte de mais do que uma pessoa (no caso vertente, marido e mulher):
- A quarta é uma habilitação de herdeiros instruída com testamento;
- A última é apenas exemplificativa da hipótese de intervenção de três declarantes, em vez do cabeça de casal.

Com efeito, hoje em dia, é muito mais vulgar, em sede de habilitação, as declarações serem prestadas por quem desempenhe o cargo de cabeça de casal. Isto porque, em face da relativa dificuldade em encontrar três pessoas que reúnam as condições exigidas por lei, atrás enumeradas, e se o cabeça de casal estiver disponível e no gozo das suas plenas capacidades, resulta muito mais simplificado ser este mesmo a prestar as ditas declarações, tanto mais que, presumidamente, saberá melhor se existe, ou não, disposição de última vontade, bem como a identidade de quem sucedeu ao de *cujus*.

Juntamos, também, alguns exemplos de escrituras de habilitação de herdeiros:

✓ Habilitação de herdeiros com filho pré-falecido –Declarações pelo cabeça de casal– Lei actual

— No dia dez de Outubro de dois mil e quatro, no Cartório Notarial de...., perante mim, F............., Notário do Cartório, compareceu como outorgante:————————————————
— Cláudio ......, natural de Miragaia, Porto, residente na Rua dos Atletas Cansados, n.º 107, 4.º direito, no Porto, casado sob o regime de separação de bens com Messalina Augusta Romano, titular do B.I. n.º 111 777 000, emitido em 29.02.1998 pelos S.I.C. do Porto:————————————————
Verifiquei a identidade do outorgante por exibição do referido Bilhete de Identidade: ————————————————
————————DECLAROU O OUTORGANTE:————————
— Que é cabeça de casal na herança aberta por óbito de sua mãe, Agripina..... e que, nessa qualidade, presta as seguintes declarações:————————————————
— Que sua referida mãe, **Agripina**...., faleceu no dia dez de Abril de dois mil e dois, na freguesia de Miragaia, do concelho do Porto, no estado de viúva de César Augusto .... e teve a sua última residência habitual na Rua das Lampreias, n.º 5, freguesia de Miragaia, da cidade do Porto:————————————————
— Que a falecida era natural da freguesia de Sé, do concelho do Porto e não deixou testamento nem qualquer outra disposição de última vontade, tendo-lhe sucedido como únicos herdeiros:————————————————
OS FILHOS: Ele outorgante, **Cláudio** ..., acima identificado; e **Maria Augusta**..., solteira, maior, natural de Miragaia, Porto, residente na Rua dos Imperadores, 58, no Porto:————————
AS NETAS, filhas de seu pré-falecido filho, César....————
Maria Claudina...., natural de Miragaia, Porto, residente na Rua de Roma, 27, 1.º em Setúbal, casada sob o regime da comunhão de adquiridos com Firmina da Conceição Alves; e– **Maria Anacleta**....., solteira, maior, natural da mesma freguesia de Miragaia, residente Rua D. Fuas Roupinho, 365, Vila

Nova de Gaia:———————————————————
— Que não há outras pessoas que, segundo a lei, prefiram aos indicados herdeiros ou que com eles possam concorrer na sucessão à herança da falecida, Agripina....———————
— Adverti o outorgante de que incorre nas penas aplicáveis ao crime de falsas declarações perante oficial público se, dolosamente e em prejuízo de outrém, tiver prestado declarações falsas:————————————————————
FICA ARQUIVADO a) – Fotocópia do assento de óbito;———
b) – Fotocópias dos assentos de nascimento dos herdeiros:—
Foi feita ao outorgante a leitura desta escritura e a explicação do seu conteúdo.

✓ Habilitação de herdeiros. Declarações feitas pelo cabeça de casal – Herança aberta antes da entrada em vigor do Dec.-Lei 496/77, de 25/11

— No dia vinte de Janeiro de dois mil e quatro, no Cartório Notarial de....., perante mim, F............, Notário do Cartório, compareceu como outorgante:——————————————
Maria Engrácia ..., natural da Senhora da Hora, Matosinhos, residente na Rua do Carvalho n.º 12.º, Porto, casada com Artur Nelson da Silva Silveira, sob o regime da comunhão geral – titular do B.I. n.º 1123 098 789, emitido em 7-8-2000, pelos S.I.C. do Porto:————————————————
Verifiquei a identidade da outorgante por exibição do referido Bilhete de Identidade:———————————————————
————————————DECLAROU A OUTORGANTE:————————
Que é cabeça de casal na herança aberta por óbito de sua mãe, **Maria Eleutéria...** e que nessa qualidade, presta as seguintes declarações:——————————————————————
— Que sua referida mãe, Maria Eleutéria..., faleceu no dia seis de Outubro de mil novecentos e setenta e seis, na freguesia de Sé, do concelho do Porto, no estado de casada sob o regime da comunhão geral e em primeiras núpcias de ambos com Gilberto ...e teve a sua última residência habitual na Rua dos Caracóis, 98, em Vila Nova de Gaia:——————
— Que o falecido era natural da freguesia de Paranhos, do concelho do Porto e não deixou testamento nem qualquer outra disposição de última vontade, tendo-lhe sucedido como única herdeira: Ela outorgante, **Maria Engrácia...,** acima identificada:——————————————————————————
— Que não há outras pessoas que, segundo a lei, prefiram aos indicados herdeiros ou com eles possam concorrer na sucessão à herança da falecida, Maria Eleutéria......——————
————————————Assim outorgou:——————————
— Adverti a outorgante de que incorre nas penas aplicáveis ao crime de falsas declarações perante oficial público se,

Parte III – Da Partilha Extrajudicial

dolosamente e em prejuízo de outrém, tiver prestado declarações falsas:—————————————————————

Arquivo: a) – Fotocópia do assento de óbito; e —————————

b) – Fotocópia do assento de nascimento da filha:—————
Foi feita à outorgante a leitura desta escritura e a explicação do seu conteúdo.

✓ Habilitações de herdeiros – morte sucessiva de marido e mulher – Declarações prestadas pelo cabeça de casal

— No dia vinte de Junho de dois mil e quatro no Cartório Notarial de..., perante mim, F............, Notário do Cartório, compareceu como outorgante:————————————————
Carlos Maria .., natural da freguesia de Souto, do concelho de Oliveira de Frades, residente na Rua Larga 234, Porto, casado com Lucrécia da Silva Purificação, sob o regime da comunhão geral, titular do Bilhete de Identidade n.º 222 000 777, emitido em 24.11.1998, pelos S.I.C. do Porto:————————
— Verifiquei a identidade do outorgante por exibição do referido Bilhete de Identidade.————————————————————
————————DECLAROU O OUTORGANTE:————————
— Que é cabeça de casal na herança aberta por óbito de seus pais António ... e de Maria Guilhermina ... e que nessa qualidade, presta as seguintes declarações:————————————
— Que seu pai, o referido António..., faleceu no dia vinte de Janeiro de mil novecentos e oitenta e quatro, no lugar da Ladeira, da referida freguesia de Souto, onde teve a sua última residência habitual e de onde era natural, no estado de casado sob o regime da comunhão geral e em primeiras núpcias de ambos, com Maria Guilhermina ..... ————————————
— Que o falecido não deixou testamento nem qualquer outra disposição de última vontade, tendo-lhe sucedido como únicos herdeiros, a referida mulher, **Maria Guilhermina ......**, natural da aludida freguesia de Souto, onde foi residente no lugar da Ladeira; e————————————————————————
Os filhos:————————————————————————————
— Ele outorgante, **Carlos Maria ....;**————————————————
b) – **Carla ......**, solteira, maior, natural da mesma freguesia de Souto, residente na Rua dos Passarinhos, n.º 109, 1.º dto, Lisboa; e ————————————————————————
c) – **Sónia .....**, também natural da freguesia de Souto, residente na Rua dos Peixinhos, n.º 234, Maia, casada sob o re-

Parte III – Da Partilha Extrajudicial

gime de separação de bens com Norberto Rogério Coelho:—
— Que sua mãe, a referida **Maria Guilhermina** ......, faleceu no dia vinte e oito de Fevereiro do ano de dois mil, no lugar da Ladeira, da referida freguesia de Souto, onde teve a sua última residência habitual, sendo natural da mesma freguesia, no estado de viúva do aludido António Afonso da Encarnação:
— Que a falecida não deixou testamento nem qualquer outra disposição de última vontade, tendo-lhe sucedido como únicos herdeiros, os filhos acima identificados:——————————————
a) – Ele outorgante, **Carlos Maria** .....;———————————
b) – **Carla** .....;————————————————————
c) – **Sónia Marta** .... ————————————————
— Que não há outras pessoas que, segundo a lei, prefiram aos indicados herdeiros ou com eles possam concorrer na sucessão às heranças dos falecidos António ...e de Maria Guilhermina....
— Adverti o outorgante de que incorre nas penas aplicáveis ao crime de falsas declarações perante oficial público se, dolosamente e em prejuízo de outrém, tiver prestado declarações falsas:———————————————————————
———————————————ARQUIVO:——————————————
a) – Fotocópias dos assentos de óbito e do assento de casamento dos autores das heranças;————————————————
b) – Três fotocópias do registo de nascimento dos filhos:——
— Foi feita ao outorgante a leitura desta escritura e a explicação do seu conteúdo.

✓ Habilitação de herdeiros com testamento – declarações prestadas pelo cabeça de casal

— No dia doze de Janeiro de dois mil e quatro, no Cartório Notarial de....., perante mim, F....................., Notário do Cartório, compareceu como outorgante:——————————
— **Maria Isilda** ....., viúva, natural de Fontelas, Peso da Régua, residente na Rua da Lameira, 67, Porto – titular do B.I. n.º 787 878 989, emitido em 25.02.1990, pelos S.I..C. de Lisboa:——————————————————————
— Verifiquei a identidade da outorgante por exibição do referido Bilhete de Identidade:————————————
——————————DECLAROU A OUTORGANTE:——————
— Que é cabeça de casal na herança aberta por óbito de seu marido **António Macário** ....., e nessa qualidade, presta as seguintes declarações:———————————————
— Que seu referido marido faleceu, no estado de casado em primeiras núpcias de ambos e no regime da comunhão geral de bens com ela, no dia sete de Dezembro de mil novecentos e oitenta e oito, na freguesia de Sé, da cidade do Porto e teve a sua última residência habitual na Rua da Lameira, n.º 67, da freguesia de Cedofeita, Porto;——————
— Que o falecido era natural da freguesia de Penajóia, concelho de Lamego e deixou testamento outorgado em sete de Janeiro de mil novecentos e oitenta e três, exarado a folhas quatro, do respectivo livro número cinquenta e cinco, do Cartório Notarial de....., pelo qual instituiu herdeira da quota disponível de seus bens sua referida mulher:————————
— **Maria Isilda** ...., que se mantém no estado de sua viúva;——————————————————————
— Que ao falecido lhe sucederam como únicos herdeiros:—
— Sua mulher **Maria Isilda** ...., atrás identificada;——
————————————Os filhos:——————————
a) – **Hermengardo** ...., casado na comunhão de adquiridos com Maria da Encarnação Bento, de quem se encontra presentemente viúvo, natural de Massarelos, Porto, residente

na Travessa da Rua Estreita, 23, Rio Tinto, Gondomar;———
b) – **Manuel Macário** ......, natural de Águas Santas, Maia, residente na Rua dos Padres, n.º 42, habitação 8.2, Porto, divorciado, actualmente casado sob o regime de separação de bens com Maria da Aparecida ......:————————
— Que não há outras pessoas que, segundo a lei e o indicado testamento, prefiram aos indicados herdeiros ou que, com eles, possam concorrer na sucessão à herança do falecido, António Macário Cabrito:————————————
————————Assim outorgou:————————
— Adverti a outorgante de que incorre nas penas aplicáveis ao crime de falsas declarações perante oficial público se, dolosamente e em prejuízo de outrém, tiver prestado falsas declarações:——————————————————————
——————————FICAM ARQUIVADOS:——————
a) – Fotocópias do assento de óbito e do assento de casamento do autor da herança;——————————————
b) – Duas fotocópias do registo de nascimento dos filhos; e——
c) Fotocópia emitida em   pelo Cartório Notarial de — do aludido testamento, da qual consta que o mesmo está devidamente selado——————————————————————
— Foi feita à outorgante a leitura desta escritura e a explicação do seu conteúdo.

✓ **Habilitação de herdeiros (declarações prestadas por três declarantes)**

— No dia dezassete de Janeiro de dois mil e quatro, no Cartório Notarial de...., perante mim, F....., Notário do Cartório, compareceram como outorgantes:————————————
a) – Gerundino..., divorciado, natural da freguesia de Cedofeita, da cidade do Porto, residente na Rua dos Mentirosos, n.º 43, hab. 2.10, Porto – titular do B.I. n.º 234 567 890, emitido em 20.06.1997 pelos S.I.C. de Lisboa;————————
b) – Maria..., solteira, maior, natural da freguesia de Massarelos, Porto, residente no Bairro da Boa Verdade, casa 21, Porto – titular do B.I. n.º 111 444 555, emitido em 1.10.1996 pelos S.I.C. do Porto;————————————————————
c) – Felismino..., casado, natural da freguesia de Sé, Porto, residente na Rua dos Declarantes, n.º 49, hab.1.2., Valbom, Gondomar – titular do B.I. n.º 234 567 789, emitido em 24.11.1999 pelos S.I.C.-de Lisboa:————————————
— Verifiquei a identidade dos outorgantes por exibição dos referidos Bilhetes de Identidade:————————————————
————————DECLARARAM OS OUTORGANTES:————
— Que no dia dez de Novembro de dois mil e um, na freguesia da Senhora da Hora, concelho de Matosinhos, faleceu **Gervásio Antonino ..**, natural da freguesia de Rei, concelho de Lousada e teve a sua última residência habitual na Rua dos Malmequeres, n.º 28, 2.º, Senhora da Hora, Matosinhos, no estado de casado sob o regime da comunhão geral e em primeiras núpcias de ambos com Carmália ...————————
— Que o autor da herança não deixou descendentes nem ascendentes vivos nem deixou testamento ou qualquer outra disposição de última vontade, tendo-lhe sucedido como única herdeira, a sua referida mulher:————————————————
— **Carmália ...**, que se mantém no estado de sua viúva, natural da freguesia de Castanheira, do concelho de Paredes, residente na referida Rua dos Malmequeres, n.º 28, 2.º, Senhora da Hora, Matosinhos:————————————————————

Parte III – Da Partilha Extrajudicial

— Que não há outras pessoas que, segundo a lei, prefiram à indicada herdeira ou com ela possam concorrer na sucessão à herança do falecido Gervásio Antonino... ————————
————————————FICA ARQUIVADO:————————
Fotocópias do assento de óbito e do assento de casamento do autor da herança.————————————————
Esta escritura foi lida aos outorgantes e aos mesmos explicado o seu conteúdo.

11. DA MORTE PRESUMIDA

A declaração de morte presumida **produz os mesmos efeitos que a morte**, tal como dispõe o art. 115.º do C.C. e pode ser requerida decorridos **dez anos** sobre a data das últimas notícias dadas pelo ausente ou **cinco anos** se, entretanto, este tiver completado oitenta anos de idade, e nunca antes de decorridos cinco anos sobre a data em que o ausente atingiria a maioridade, nos termos do art. 114.º do C.C.

Assim, a sentença declarativa da morte presumida é título bastante para se proceder à habilitação de herdeiros e, se for caso disso, à subsequente partilha do património do presumido falecido, podendo, nomeadamente, o Tribunal requisitar certidões de testamentos públicos e mandar proceder à abertura de testamentos cerrados, no caso de existirem.

Face às alterações introduzidas pelo Dec.-Lei n.º 496/77, de 25 de Novembro, em matéria de Direito das Sucessões, parece-nos que o legislador, ao não considerar dissolvido o casamento com a declaração de morte presumida, não previu, como devia, a posição que o cônjuge passou a deter, uma vez que **este é um sucessível mas continua casado com o autor da herança**, salvo se contrair novo casamento (art. 115.º do C.C.).

Esta circunstância paradoxal pode constituir grave constrangimento a uma partilha que se pretende acabada, sem prejuízo da reserva feita quanto ao regresso do presumido falecido e seus efeitos.

Não obstante a argumentação já aduzida, reputamos de interesse juntar um exemplo de uma habilitação baseada na morte presumida, a qual foi fixada por sentença em data anterior àquele Dec.-Lei n.º 496/77.

✓ Habilitação de herdeiros (morte presumida)

No dia três de Janeiro do ano de dois mil e quatro, no Cartório Notarial de ..., perante mim F..., Notário do Cartório, compareceram como outorgantes:—
a) – Valquíria Lima Passos, viúva, natural de Paços, Lisboa, residente na Rua da Furnas, 1343, em Lisboa, portador do B.I. n.º 22 1 32 144, emitido em 06/08/98, pelos S.I.C. de Lisboa;—
b) – Teodoro Camilo da Assunção, casado, natural de Poiares da Serra, Covilhã, residente na Avenida da Ressurreição, 44, 2.º Dt.º, Lisboa, portador do B.I. n.º 67 654 522, emitido em 04/10/88, pelos S.I.C. de Lisboa;—
c) – Júlio Laurindo da Torre, solteiro, maior, natural de Moínhos de Cima, Setúbal, residente na Rua Direita, 1, Lisboa, portador do B.I,. n.º 445 778 908, emitido em 18/05/98 pelos S.I.C. de Lisboa;—
— Verifiquei a identidade dos outorgantes pelos seus respectivos Bilhetes de Identidade:—
—————POR ELES FOI DITO:—————
— Que, por sentença de dez de Março de mil novecentos e noventa e quatro, proferida nos autos de acção de morte presumida, que correu seus termos pela Segunda Secção do 1.º Juízo do Tribunal Judicial da Comarca de Penamacor, foi decretada a morte presumida de Violante Desaparecida das Neves, natural da freguesia de Castelo, concelho de Penamacor, com última residência conhecida na República Dominicana, no estado de casada com Octávio César Arrependido, no regime da separação de bens;—
— Que a morte presumida foi fixada em vinte de Janeiro de mil novecentos e setenta e quatro;—
— Que a falecida não deixou testamento ou qualquer outra disposição de última vontade e sucedeu-lhe como único herdeiro o seguinte filho: Adalberto Feliciano Neves Arrependido, solteiro, maior, natural da referida freguesia de Castelo, onde reside na Rua dos Guerreiros, n.º 51;—

— Que não há quem, segundo a lei, prefira ao indicado herdeiro ou quem com ele concorra na sucessão à herança da dita Violante Desaparecida das Neves:————————————

—————————————ASSIM OUTORGARAM:—————————

Arquivo:—————————————————————————————

a) – Certidão com o teor da sentença que decretou a morte presumida;—————————————————————————

b) – Uma certidão de nascimento da autora da herança da qual consta a morte presumida;———————————————

c) – Fotocópia do assento de nascimento do herdeiro;————

Esta escritura foi lida e o seu conteúdo explicado aos outorgantes.

12. DA HABILITAÇÃO DE LEGATÁRIOS

Este tipo de escritura, com as necessárias adaptações, também é possível e frequentemente necessária quando os legatários de um falecido forem indeterminados ou instituídos genericamente ou quando a herança seja totalmente distribuída em legados.

No primeiro caso, quando o testador declare v.g. que: *"deixo a minha moradia aos filhos que o meu irmão Manuel tiver à hora da minha morte"* ou *" lego as minhas jóias às empregadas que estiverem ao meu serviço à hora da minha morte"*, essa habilitação terá por objectivo identificar e determinar quem são, efectivamente, os beneficiários do legado.

No segundo caso, quando a herança é toda ela distribuída em legados, a habilitação limitar-se-á a determinar se há, ou não, herdeiros legitimários que possam não ter sido mencionados no testamento e que, naturalmente, têm direito à sua legítima.

Este tipo de habilitação vem previsto no art. 88.º do Código do Notariado e para ilustrar, anexamos um exemplo.

✓ **Habilitação de Legatários**

No dia vinte de Janeiro do ano dois mil e quatro, no Cartório Notarial de ......, perante mim F ...., Notário do Cartório, compareceram como outorgantes:—————————————
a) – Saturnino Vespasiano Nespereira, casado, natural de Cedofeita, Porto, residente na Rua Torta, 20, Porto, portador do BI n.º 444 231 456, emitido em 23 de Junho de 1998, pelos S.I.C. do Porto;———————————————————
b) – Ivete da Conceição Gervásio, casada, natural de Campanhã, residente na Rua dos Comboios, 45, Porto, portadora do BI n.º 567 211 989, emitido em 25 de Julho de 1999, pelos S.I.C. Lisboa;———————————————————————
c) – Geraldina Rosália Coelho, solteira, maior, natural do Bonfim, Porto, residente na Rua Escura, 1111, no Porto, portadora do BI n.º 434 656 721, emitido em 5 de Março de 2001, pelos S.I.C. do Porto:———————————————————
— Verifiquei a identidade dos outorgantes pelos respectivos bilhetes de identidade:———————————————————
———————————POR ELES FOI DITO:———————
— Que têm pleno conhecimento de que, no dia dezoito de Outubro de dois mil e um, faleceu na freguesia da Sé, cidade do Porto, Maria Micaela Boaventura, solteira, maior, natural dessa mesma freguesia da Sé, e com última residência habitual na Rua de Trás, 6565, no Porto.—————————————
— Que a falecida não deixou descendentes nem ascendentes vivos mas deixou testamento celebrado em doze de Dezembro de mil novecentos e noventa e quatro, a folhas quatro do competente Livro número cento e vinte do Cartório Notarial de ....., pelo qual legou a sua casa de morada aos filhos que seu irmão Manuel António Boaventura tivesse à hora da sua morte.————————————————————————————
— Que aquele irmão da falecida deixou os seguintes filhos:—
— Sérgio Vitorino Caldeira Boaventura, solteiro, maior, residente na Rua das Flores, 5225, no Porto; Paulina Isabel Caldeira Boaventura, menor, residente com o anterior:————

Parte III – Da Partilha Extrajudicial 203

— Que não há outras pessoas que possam concorrer ou preferir com aqueles indicados filhos ao legal————————
————————————ASSIM OUTORGARAM:————————
Arquivo: uma fotocópia emitida em 2 de Novembro de 2002 pelo Cartório Notarial de ..., do indicado testamento o qual verifiquei estar devidamente selado:————————————
— Esta escritura foi lida e o seu conteúdo explicado aos outorgantes.

13. DA ESCRITURA DE PARTILHA

13.1. CONSIDERAÇÕES

Finalmente, e uma vez ultrapassados os passos referidos nos pontos anteriores, estamos preparados para elaborar a escritura de partilha que fecha o ciclo aberto com a morte do decesso.

Com efeito, e tal como dissemos no início desta obra, é só neste preciso momento que cada um dos herdeiros fica a saber com rigor os bens que preenchem o seu quinhão hereditário.

Não é por mero acaso que um bom técnico de Direito prefere evitar adjudicações de bens feitas em comum, pese embora a economia processual que este tipo de adjudicação representa para quem faz o mapa da partilha; na prática, e se o que se pretende é "encerrar um ciclo vital", o desejável será que não se faça adjudicações em compropriedade mas sim de forma a que cada um dos herdeiros fique na posse e na propriedade dos bens que lhe couberam, sem compropriedade com outrém.

Na verdade, o que acontece na vida real é que, julgando os herdeiros que encerraram um capítulo das suas vidas, ao receber do *de cujus* em compropriedade entre si, mais tarde ou mais cedo são forçados a celebrar uma outra escritura, esta sim frequentemente complicada, pela qual põem fim à indivisão ou comunhão em que se encontram.

13.2. DOCUMENTOS NECESSÁRIOS À INSTRUÇÃO DE UMA ESCRITURA DE PARTILHA

Antes de mais, reiteramos que a escritura de partilha pode ser celebrada simultaneamente com a da habilitação.

Parte III – Da Partilha Extrajudicial

Assim, além de fotocópia daquela escritura de habilitação, quando esta não seja outorgada conjuntamente com a da partilha, muito genericamente indicamos os documentos mais usuais, que são:

- Certidão da Conservatória do Registo Predial relativa aos prédios a partilhar, comprovativa do teor da descrição bem como do registo a favor do autor da herança ou já dos seus herdeiros;
- Certidão da Conservatória do Registo Comercial, caso haja quotas sociais a partilhar;
- Cadernetas prediais urbanas devidamente actualizadas e com a indicação do valor patrimonial tributário;
- Certidão do teor matricial dos artigos rústicos, se os houver, também com a indicação do respectivo valor patrimonial tributário;
- Os respectivos documentos de identificação pessoal e fiscal dos herdeiros e seus cônjuges, que deverão intervir na escritura, salvo se o regime de bens que vigorar entre si for o da separação.

Nota: O imposto municipal sobre transmissões onerosa (IMT) eventualmento devido pelo excesso em imóveis levado por algum dos herdeiros, actualmente é liquidado pelo Serviço de Finanças competente, posteriormente à escritura.

Sem mais delongas, deixamos aqui alguns exemplos que derivam da prática das autoras, desde já referindo que, nem estes, nem os demais que foram aqui insertos, podem ser exaustivos dado que cada uma das situações da vida real reclama um tratamento casuístico.

✓ Partilha (por morte de marido e mulher)

— No dia vinte e sete de Janeiro do ano dois mil e quatro,no Cartório Notarial de...., perante mim, F.-, Notário do mesmo Cartório, compareceram como outorgantes:————————
————————————PRIMEIROS:————————————
ARMANDO FRIAS e mulher **MARIA DAS NEVES FRIAS,** casados sob o regime da comunhão de adquiridos, N.I.F. 144 275 341 e 118 555 626, naturais, ele da freguesia de Barca, concelho de Mesão Frio e ela da de Santa Marinha, concelho de Vila Nova de Gaia, residentes na Rua Cerco do Porto, n.º 893, 2.º Dt.º, Campanhã, no Porto, portadores dos B.I. n.ºs 982323, emitido em 08/05/1991 e 993972, emitido em 15/05/1992, ambos pelos S.I.C. do Porto.————————————
————————————SEGUNDA:————————————
MARIA ODETE MONTEIRO, N.I.F. 156.011.263, solteira, maior, natural da freguesia de Barca, concelho de Mesão Frio, onde reside no Lugar de Valinhos, portadora do B.I. n.º 7260377, emitido em 29/12/99, pelo Arquivo de Vila Real:————————
— Verifiquei a identidade dos outorgantes por exibição dos referidos bilhetes de identidade.————————————
— **DISSERAM O PRIMEIRO E SEGUNDA OUTORGANTES**:
— Que, conforme escritura lavrada neste Cartório em dez de Abril do ano transacto, a folhas setenta e seguintes do livro duzentos e quarenta e nove – D, no dia dezassete de Agosto de mil novecentos e noventa e nove, na freguesia de Lordelo, concelho de Vila Real, com última residência habitual no Lugar de Valinhos, freguesia de Barca, concelho de Mesão Frio, faleceu **MARIA MONTEIRO,** no estado de casada em primeiras núpcias de ambos e no regime de comunhão geral de bens com Joaquim Monteiro, natural da dita freguesia de Barca:
— Que a falecida não deixou testamento ou qualquer outra disposição de última vontade tendo-lhe sucedido como seus únicos herdeiros:————————————————
— **Seu marido**, Joaquim Monteiro;————————————
— **Seus dois filhos**, Armindo Monteiro e Maria Odete Monteiro:————————————————

Parte III – Da Partilha Extrajudicial 207

— E que, conforme escritura lavrada neste Cartório, em sete de Agosto do ano transacto, a folhas vinte e um e seguintes do livro duzentos e cinquenta e cinco – D, no dia vinte e um de Junho do ano de dois mil, na freguesia de Barca, concelho de Mesão Frio, faleceu aquele **JOAQUIM MONTEIRO,** no estado de viúvo da dita Maria Monteiro e residente que foi no Lugar de Valinhos, freguesia de Barca, donde era natural:——
— Que o falecido não deixou testamento ou qualquer outra disposição de última vontade tendo-lhe sucedido como seus únicos herdeiros:————————————————————
— **Seus filhos**, Armindo Monteiro e Maria Odete Monteiro, atrás identificados:——————————————————
— E que pela presente escritura, vêm proceder à partilha dos bens deixados por óbito daqueles Maria Monteiro e Joaquim Monteiro e que são os seguintes:——————————
————————————**VERBA UM:**——————————
— **PRÉDIO RÚSTICO**, composto de vinha da região demarcada do Douro, com a área de cinco mil seiscentos e oitenta sete metros quadrados, sito no Lugar de Palestra, da freguesia de Barca, concelho de Mesão Frio, a confrontar do norte, nascente e poente com estrada e sul com estrada e José Manuel Conceição Azevedo, inscrito na matriz predial rústica sob o **artigo 595, Secção B**, com o valor patrimonial tributário de TRINTA E NOVE MIL SEISCENTOS E QUINZE EURO, igual valor atribuído:——————————————————
— Prédio descrito na Conservatória do Registo Predial de Mesão Frio, sob o número seiscentos e trinta e três – Barca, registado a seu favor, em comum e sem determinação de parte ou de direito, pela inscrição G– um:——————
————————————**VERBA DOIS:**—————————
— **PRÉDIO RÚSTICO**, composto por cultura arvense de sequeiro, vinha da região demarcada do Douro, cultura arvense de regadio e árvores de fruto, com a área de mil e trinta e um metros quadrados, a confrontar do norte com herdeiros de Manuel Bento Ribeiro, sul com herdeiros de Domingos Monteiro Pereira, nascente com caminho público e poente com estrada nacional, sito no Lugar de Vale, freguesia de

Barca, concelho de Mesão Frio, inscrito na matriz predial rústica sob o **artigo 634 Secção B**, com o valor patrimonial tributário de CINCO MIL QUINHENTOS E DEZANOVE EURO, igual valor atribuído:——————————————————
— Prédio descrito na Conservatória do Registo Predial de Mesão Frio, sob o número seiscentos e trinta e um– Barca, registado a seu favor, em comum e sem determinação de parte ou de direito, pela inscrição G– um:——————
——————————**VERBA TRÊS:**——————————
— **PRÉDIO URBANO**, destinado a habitação, sito no Lugar de Vale Pentieiro, na freguesia de Barca, concelho de Mesão Frio, composto por casa de três andares, inscrito na matriz predial urbana sob o **artigo 396**, com o valor patrimonial tributário de DUZENTOS E QUARENTA E NOVE MIL TREZENTOS E CINQUENTA EURO, igual valor atribuído——————
— Prédio descrito na Conservatória do Registo Predial de Mesão Frio, sob o número seiscentos e trinta e dois– Barca, registado a seu favor, em comum e sem determinação de parte ou de direito, pela inscrição G– um:——————
— Somam os bens a partilhar o montante de DUZENTOS E NOVENTA E QUATRO MIL QUATROCENTOS E OITENTA E QUATRO EURO——————————————————
— Este valor divide-se em duas partes iguais, no montante de **cento e quarenta e sete mil duzentos e quarenta e dois euro**, para adjudicar uma a cada um dos outorgantes:—
——————————PAGAMENTOS:——————————
a) À segunda outorgante **Maria Odete Monteiro**, ficam-lhe adjudicados os prédios constantes das verbas números **dois** e **três**, tudo no valor de duzentos e cinquenta e quatro mil oitocentos e sessenta e nove euro, pelo que leva a mais a quantia de CENTO E QUARENTA E SETE MIL DUZENTOS E QUARENTA E DOIS EURO, que deu de tornas ao primeiro outorgante Armindo Monteiro;
b) Ao primeiro outorgante Armindo Monteiro, é-lhe adjudicado o prédio constante da verba número um, no valor de trinta e nove mil seiscentos e quinze escudos, pelo que leva a menos

Parte III – Da Partilha Extrajudicial 209

o montante de CENTO E QUARENTA E SETE MIL DUZEN-
TOS E QUARENTA E DOIS EURO, que já recebeu de tornas
da segunda outorgante Maria Odete Monteiro.———————
——————-**ASSIM O DISSERAM E OUTORGARAM**————
———————————**EXIBIDOS**:——————————
a) Duas certidões da Conservatória do Registo Predial de
Mesão Frio, emitidas em 20/02/2001————————————
b) Duas cadernetas prediais emitidas pelo Serviço de Finanças de Mesão Frio, em 5/02/1981 e 25/09/1963, visadas em
28/05/2001:————————————————————————
Arquivo: — certidão de teor matricial——————————
Esta escritura foi lida aos outorgantes e aos mesmos explicado o seu conteúdo.———————————————————

✓ Partilha (por morte sucessiva do pai, de um filho do casal e da mãe)

— No dia dez de Maio do ano dois mil e quatro, no Cartório Notarial de....., perante mim, F...., Notária do mesmo Cartório, compareceram como outorgantes:—————————————
————————————————PRIMEIRA:————————————
JOAQUINA JÚLIA CARRAPA, N.I.F. 155.622.781, casada com Manuel Caramelo sob o regime da comunhão geral, natural da freguesia de Frescaínha, concelho de Vila Nova de Poiares, residente na Rua da Igreja Velha, n.º 42, Setúbal, portadora do B.I. n.º 654347, emitido em 14/10/99, pelos S.I.C.do Porto;————————————————————
————————————————SEGUNDO:————————————
ANTÓNIO SILVÉRIO CARRAPA, N.I.F. 166.622.769, casado com Maria Carrapa sob o regime da comunhão geral de bens, natural da freguesia de Cedofeita, Porto, residente na Rua dos Armantes, 65, Vila Nova da Frescaínha, portador do B.I. n.º 999 444666, emitido em 25/06/96 pelos S.I.C. de Lisboa;————————————————————————
————————————————TERCEIRA:————————————
SÓNIA JUDITE CARRAPA, N.I.F. 190.805.232, viúva, natural da freguesia de Rio Torto, concelho de Cinfães, residente na Rua da Igreja Nova, n.º 784, da freguesia de Calendário, concelho de Vila Nova de Famalicão, portadora do B.I. n.º 234 567 098, emitido em 20/04/95, pelos S.I.C. de Lisboa;
————————————————QUARTA:————————————
JÚLIA MANUELA CARRAPA, N.I.F. n.º 111.246.390, casada com David Nelson Silva, sob o regime da comunhão de adquiridos, natural da freguesia de Sé, Porto, residente na Rua dos Camaleões n.º 200, 1.º C, Lisboa, portadora do B.I. n.º 432 765 987, emitido em 21/07/2000 pelos S.I.C. de Lisboa;————————————————————————
————————————————QUINTO:————————————
JOSÉ ANTÓNIO CARRAPA, N.I.F. 160 898 440, casado com Maria da Saudade Carrapata, sob o regime da comunhão de

adquiridos, residente na Rua dos Carrapatos, 189, Vila Flor, natural de Angola, portador do B.I. n.º 678 987 098, de 13/12/ /2001, pelos S.I.C. de Lisboa;——————————————
——————————————SEXTO:——————————————
MANUEL CARAMELO, casado com a primeira outorgante com ela residente, natural da freguesia da Cova Funda, concelho de Portalegre, portador do B.I. n.º 456 783657, emitido e, 29/08/94, pelos S.I.C. de Lisboa;——————————————
——————————————SÉTIMA:——————————————
MARIA CARRAPA, casada com o segundo outorgante e com ele residente, natural da freguesia de Rio Torto, Concelho de Grândola, portadora do B.I. n.º 123 456 213, emitido em 23/ /08/2000, pelos S.I.C. de Lisboa;——————————————
——————————————OITAVO:——————————————
DAVID NELSON SILVA, casado com a quarta outorgante e com ela residente, natural da freguesia dos Malvados, concelho do Porto, portador do B.I. n.º 098 890987, emitido em 23/ /06/1998, pelos S.I.C. de Lisboa;——————————————
——————————————NONA:——————————————
MARIA DA SAUDADE CARRAPA, casada com o quinto outorgante e com ele residente, natural da freguesia de S. Mamede, concelho de Matosinhos, portadora do B.I. n.º 123 987 098, de 13/12/2000, pelos S.I.C. de Lisboa:——————————————
Verifiquei a identidade dos outorgantes por exibição dos referidos bilhetes de identidade:——————————————
— **DISSERAM A PRIMEIRA, SEGUNDO, TERCEIRA, QUARTA E QUINTO OUTORGANTES**:——————————————
— Que, como consta da escritura de habilitações de herdeiros, lavrada em vinte e nove de Outubro de mil novecentos e noventa e seis, exarada a folhas cento e seis e seguintes do Livro de notas cinquenta – A, deste Cartório Notarial:———
UM)– No dia vinte e cinco de Novembro de mil novecentos e oitenta, na sua última residência na Rua da Igreja Torta, n.º 234, freguesia e concelho de Bemposta, faleceu **António da Silva Carrapa,** natural de Cedofeita, Porto, no estado de casado sob o regime da comunhão geral de bens, em pri-

meiras núpcias de ambos com Perpétua da Silva Carrapa;—
— Que o falecido não deixou testamento ou qualquer outra disposição da última vontade, tendo-lhe sucedido como seus únicos herdeiros sua mulher Perpétua da Silva Carrapa, dele viúva, natural da dita freguesia de Bemposta, residente na mesma Rua da Igreja Torta, 234, já falecida e seus três filhos:————————————————————————
a) Joaquim Santos Carrapa, casado sob o regime da comunhão geral de bens com a referida Sónia Judite Carrapa, natural da mesma freguesia de Bemposta, residente naquela Rua da Igreja Torta, 234, já falecido;————————————
b) Joaquina Júlia Carrapa;————————————————
c) António Silvério Carrapa, atrás devidamente identificados como primeira e segundo outorgantes:————————
DOIS)– No dia dez de Janeiro de mil novecentos e noventa e quatro, na referida freguesia de Bemposta, onde residia, faleceu **Joaquim Santos Carrapa**, natural daquela freguesia de Bemposta, no estado de casado sob o regime da comunhão geral de bens com Sónia Judite Carrapa, em primeiras núpcias de ambos;————————————————————
Que o falecido não deixou testamento ou qualquer outra disposição da última vontade, tendo-lhe sucedido como seus únicos herdeiros:————————————————————a)
sua mulher Sónia Judite Carrapa;————————————
b) dois filhos Joaquina Júlia Carrapa e José António Carrapa, todos atrás devidamente identificados, este último, à data do óbito, solteiro, maior:————————————————
TRÊS)– No dia vinte e seis de Maio de mil novecentos e noventa e sete, na referida freguesia de Bemposta onde residia, faleceu a mencionada **Perpétua da Silva Carrapa,** no estado de viúva:————————————————————————
Que a falecida não deixou testamento ou qualquer outra disposição da última vontade, tendo-lhe sucedido como seus únicos herdeiros:————————————————————
——— **dois filhos**: Joaquina Júlia Carrapa e António Silvério Carrapa; e **dois netos:** filhos de seu pré-falecido filho Joa-

quim Santos Carrapa, Júlia Manuela Carrapa e José António Carrapa, todos acima identificados:——————————————
— E que, estando todos de acordo, vêm por esta escritura, proceder à partilha do bem deixado pelos falecidos "**António da Silva Carrapa, Perpétua da Silva Carrapa e Joaquim Santos Carrapa**", que é o seguinte:———————————
— **Prédio urbano,** destinado exclusivamente a habitação, composto de casa com quintal, sito na Rua Torta, n.º 20, freguesia de Paranhos, cidade do Porto, inscrito na respectiva matriz predial urbana sob o artigo **556**, com o valor patrimonial tributário de 124,00 euro, descrito na Primeira Conservatória do Registo Predial do Porto sob o número **dois mil novecentos e trinta, de Paranhos,** definitivamente registado a favor dos aqui herdeiros, sem determinação de parte ou direito, pela inscrição "G-Um":————————————————
— Que atribuem ao referido imóvel o valor de vinte e sete mil cinquenta e nove euro e setenta e nove euro:———————
— O valor do bem a partilhar é de vinte e sete mil cinquenta e nove euro e setenta e nove cêntimos, o qual vai ser dividido em duas partes iguais de treze mil quinhentos e vinte e nove euro e noventa cêntimos, cada, uma que constitui a meação da viúva Perpétua e a outra a herança do falecido António da Silva Carrapa. Esta, por sua vez, subdivide-se em quatro partes iguais, de três mil trezentos e oitenta e dois euro e quarenta e oito cêntimos, cada, uma que acresce à meação da viúva "Perpétua" e as restantes três partes, uma para cada filho, Joaquim, Joaquina Júlia e António Silvério:—
— Aquele quinhão do falecido Joaquim, no valor de três mil trezentos e oitenta e dois euro e quarenta e oito cêntimos, é dividido em duas partes iguais, do valor de mil seiscentos e noventa e um euro e vinte e quatro cêntimos, constituindo uma delas a meação da viúva "Sónia Judite" e a outra a meação do falecido "Joaquim". Esta, por sua vez, é subdividida em três partes iguais do valor de quinhentos e sessenta e três euro e setenta e cinco cêntimos, uma que acresce à meação da viúva e as outras duas partes, constituem a legí-

tima de cada um dos seus filhos, Júlia Manuela e José António:———————————————————————————————
— O quinhão da referida "Perpétua", no valor de dezasseis mil novecentos e doze euro e trinta e oito cêntimos, vai ser dividido em três partes iguais, no valor de cinco mil seiscentos e trinta e sete euro e quarenta e seis cêntimos, sendo duas para adjudicar uma a cada um dos filhos, "Joaquina Júlia" e "António Silvério" e a outra parte subdivide-se em duas partes iguais, do valor de dois mil oitocentos e dezoito euro e setenta e três cêntimos, para adjudicar uma a cada um dos netos, "Júlia Manuela" e "José António", filhos de seu pré-falecido filho "Joaquim". ——————————————————
————————Consequentemente, pertence:——————
— À primeira outorgante "Joaquina Júlia Carrapa", de legítima, a quantia de **nove mil e dezanove euro e noventa e quatro cêntimos**;———————————————————————
— Ao segundo outorgante "António Silvério Carrapa", de legítima, a quantia de **nove mil e dezanove euro e noventa e quatro cêntimos**;———————————————————————
— À terceira outorgante "Sónia Judite Carrapa", de meação, a quantia de mil seiscentos e noventa e um euro e vinte e quatro cêntimos e de legítima a quantia de quinhentos e sessenta e três euro e setenta e cinco cêntimos, no montante global de **dois mil duzentos e cinquenta e quatro euro e noventa e nove cêntimos**;———————————————————————————
— À quarta outorgante "Júlia Manuela Carrapa", de legítima, a quantia de **três mil trezentos e oitenta e dois euro e quarenta e oito cêntimos**;———————————————————
— Ao quinto outorgante, José António Carrapa, de legítima, a quantia de **três mil trezentos e oitenta e dois euro e quarenta e oito cêntimos**:————————————————————
————————————PAGAMENTOS:———————————
— Ao segundo outorgante "ANTÓNIO SILVÉRIO", é-lhe adjudicado e fica-lhe a pertencer o referido prédio, no indicado valor de **vinte e sete mil cinquenta e nove euro e setenta e nove cêntimos;** Como só tem direito a nove mil e deza-

Parte III – Da Partilha Extrajudicial

nove euro e noventa e quatro cêntimos, repõe aos primeira, terceira, quarta e quinto, outorgantes, de tornas, a quantia de **dezoito mil trinta e nove euro e oitenta e cinco cêntimos,** na proporção dos indicados quinhões:————————————
— DECLARARAM OS PRIMEIRA, TERCEIRA, QUARTA E QUINTO OUTORGANTES:————————————————
— Que já receberam as tornas a que têm direito, do que dão quitação.————————————————————————————
DECLARARAM OS SEXTO, SÉTIMA, OITAVO E NONA OUTORGANTES:———————————————————————
— Que dão aos seus cônjuges o necessário consentimento, para a partilha por eles ora efectuada: ———————————
————————————ASSIM O OUTORGARAM:—————————
— Nesta operação ficaram desprezados quatro cêntimos para efeitos de arredondamentos.———————————————
EXIBIDO: a) certidão do teor das citadas descrição e inscrições prediais, da Primeira Conservatória do Registo Predial do Porto, emitida em 28/02/2004:———————————————
b) caderneta predial urbana emitida em 31/12/37 e visada em 28/02/2004, pelo a 3ª Serviço de Finanças do Porto:————————
— Esta escritura foi lida aos outorgantes e aos mesmos explicado o seu conteúdo.

✓ Partilha – Abertura de herança antes da redacção actual do Código Civil

No dia vinte e cinco de Junho do ano dois mil e quatro, no Cartório Notarial de..., perante mim, F..., Notário do Cartório, compareceram como outorgantes:————————————
— Primeiro: Maria da Anunciação Nunes Cansado, viúva, natural de Cedofeita, Porto, residente na Rua dos Morgados, 25, Póvoa do Varzim, C.F. n.º 234 567 896, portadora do B.I. n.º 5 678 654, emitido em 23-3 – 2001 por Lisboa;————————————
Segundos: Casimiro António Nunes Cansado, natural da dita freguesia de Cedofeita, C.F. 678 567 678, e mulher **Camila da Purificação Silva,** natural de Sé, Porto, C.F. 567 543 234, casados na comunhão geral, residentes na Rua dos Matrecos, 123, Porto, portadores dos B.I. respectivamente n.ºs 123 456 789 e 234 567 890, emitidos em 23-1-1 999 por Lisboa:————————————
Terceiro: Maria da Luz Nunes Cansado, solteira, maior, natural da dita freguesia de Cedofeita e residente com a primeira outorgante, C. F. n.º 234 678 908, portadora do B.I. n.º 4 567 890, emitido em 12-12 – 2000, pelo Porto:————————————
— Verifiquei a identidade dos outorgantes pelos respectivos Bilhetes de Identidade:————————————
————————————POR ELES FOI DITO:————————————
— Que, conforme escritura de habilitação de herdeiros celebrada em vinte de Janeiro de mil novecentos e noventa e nove, a folhas dois e seguintes, do livro dois F, do Cartório Notarial de ...., no dia vinte e cinco de Maio de mil novecentos e sessenta e sete, na Rua dos Morgados, 25, Póvoa do Varzim, onde tinha a sua residência habitual, faleceu ANACLETO DA SILVA CANSADO, natural de Sé, Porto, no estado de casado, na comunhão geral de bens com a aqui primeira outorgante, sem deixar testamento ou qualquer outra disposição de última vontade, tendo deixado como únicos herdeiros seus dois filhos, Casimiro António e Maria da Luz, aqui segundo e terceira outorgantes;————————————

— Que, estando de comum acordo, por esta escritura vêm proceder à partilha dos bens do falecido, que são os seguintes:————————————————————————
————————————**Verba um**:————————————
— Prédio urbano composto de casa de rés-do-chão e andar, destinada exclusivamente a habitação, sito na Rua dos Morgados, 25, freguesia e concelho de Póvoa do Varzim, inscrito na respectiva matriz sob o artigo 2 120, descrito na Conservatória do Registo Predial de Póvoa do Varzim sob o número duzentos e vinte, de Póvoa do Varzim, definitivamente registado a favor do autor da herança, conforme inscrição G-um, com o valor patrimonial tributário, igual ao atribuído, de vinte mil euro:————————————————————————————
————————————**Verba Dois:**————————————
— Um estabelecimento comercial de sapataria, instalado no rés-do-chão do prédio urbano sito na Rua dos Sapateiros, n.º 20, freguesia e concelho de Póvoa do Varzim, inscrito na respectiva matriz urbana sob o artigo 23, a que atribuem o valor de trinta mil euro:————————————————
— Somam os bens a partilhar o montante de cinquenta mil euro, dos quais vinte são de bens imóveis:——————————
— Aquele valor, de cinquenta mil euro, divide-se em duas partes iguais, de vinte e cinco mil euro, cada uma, constituindo, uma, a meação do viúvo e outra a herança do falecido; Esta, por sua vez, divide-se em duas partes iguais, de doze mil e quinhentos euro, cada uma, constituindo, cada uma delas, o quinhão dos herdeiros, os aqui segundo e terceira outorgantes, Casimiro António e Maria da Luz:————————————
————————————PAGAMENTOS:————————————
— À primeira outorgante, **Maria da Anunciação**, é adjudicado o prédio urbano identificado na verba **UM,** no indicado valor de vinte mil euro. Como tem direito a vinte e cinco mil euro, leva a menos a quantia de cinco mil euro que, de tornas, já recebeu da terceira outorgante. No entanto, leva de excesso em bens imóveis a quantia de dez mil euro;——————————
— À terceira outorgante, **Maria da Luz,** é adjudicado o esta-

belecimento identificado na **verba dois,** no seu indicado valor de trinta mil euro. Como apenas tem direito a doze mil e quinhentos euro, leva a mais a quantia de dezassete mil e quinhentos euro que, de tornas, repôs à primeira e ao segundo outorgantes, sendo cinco mil euro para a primeira e doze mil e quinhentos euro para o segundo:————————————————

— O segundo outorgante, **Casimiro António,** leva o seu quinhão totalmente preenchido em tornas que declara já ter recebido das primeiras e terceira outorgantes:————————

— Disse a segunda outorgante, Camila: Que presta a seu marido consentimento para este acto:————————————

—————ASSIM DÃO POR CONCLUÍDA ESTA PARTILHA:—
Foram-me exibidos: a)– Fotocópia da referida escritura de habilitação de herdeiros extraída no mesmo Cartório em vinte do corrente; b)– Certidão emitida em 15-6–2004 pela Conservatória do Registo Predial de Póvoa de Varzim; c)– Caderneta Predial urbana emitida em 10 do corrente pelo 1.º Serviço de Finanças de Póvoa do Varzim:————————————————

— Esta escritura foi lida e explicado o seu conteúdo aos outorgantes.

Bibliografia

Engels, Friedrich – "A origem da Família, da Propriedade e do Estado"
Colecção Síntese/Editorial Presença

Enciclopédia Luso-Brasileira

Galvão Teles, Inocêncio – "Direito das Sucessões – Noções Fundamentais"
Coimbra Editora – 6ª Edição

Capelo de Sousa, Rabindranath – "Lições de Direito das Sucessões" – Vol. I
Coimbra Editora, Limitada – 1990

Domingos Silva Carvalho de Sá – "Do Inventário – Descrever, Avaliar e Partir"
Almedina, 1996

Matos, Albino – "Temas de Direito Notarial I"
Almedina 1992

Código Civil
Código de Processo Civil
Código do Registo Civil
Código do Notariado

ÍNDICE GERAL

PARTE I
CONCEITO E MODALIDADES DA PARTILHA

1. Para um conceito de partilha 11
   Referência ao conceito de partilha no Código Civil Português 11
   Referências ao conceito de partilha no Código de Processo Civil 12
   Definição corrente de partilha 13
   Partilha subsequente à dissolução da comunhão conjugal 14
   Partilha do património de uma sociedade dissolvida 14
   Partilha em vida 14
2. Modalidades da partilha – brevíssimas notas 15

PARTE II
DA PARTILHA JUDICIAL

3. Da partilha judicial – considerações introdutórias 19
   Casos em que há lugar a inventário judicial 19
   Existência de menores, ausentes ou incapazes 20
   Actos praticados pelos pais em nome dos menores 21
   Actos praticados pelo tutor 21
   Inventário com interessado único 21
   Cabeçalato 22
   Relação de bens e reclamação 23
   Conferência de interessados 24
   Licitação 25
   Forma e mapa da partilha 26
   Exemplo de um Requerimento de inventário com pedido de escusa de cabeça-
   lato 29
   Auto de juramento e declarações de cabeça de casal 33
   Reclamação 36
   Doação feita a inventariado por seus pais, em 1931 39
   Doação feita a outro inventariado por seus pais com imposição de encargos 45
   Habilitação por morte da doadora 47

Partilha por morte da doadora	48
Exemplo de autos de inventário *obrigatório*	50
Exemplo de novo auto de juramento e declarações de cabeça de casal	51
Exemplo de relação de bens apresentada pelo cabeça de casal	53
Termos finais no processo de inventário *obrigatório*	56
Exemplo de oposição dos requeridos	58
Exemplo de reclamação quanto à inexactidão ou ausência da relação de bens	64
Exemplo de decisão de suspensão da instância do inventário, com remessa para os meios comuns	69
Partilha de bens em alguns casos especiais	73
Requerimento para partilha	74
Despacho a nomear cabeça de casal	76
Relação de bens	77

PARTE III

DA PARTILHA EXTRAJUDICIAL

4. Da partilha extrajudicial – notas introdutórias	87
4.1. Partilha subsequente ao divórcio e à separação de pessoas e bens	88
4.1.1. Considerações sobre o divórcio e a separação de pessoas e bens	88
Disciplina normativa actual – o Dec.-Lei n.º 272/2001, de 13 de Outubro	88
Da competência exclusiva das Conservatórias do Registo Civil	88
Competência territorial das Conservatórias e foro convencional	89
Atribuições e competências do Conservador do Registo Civil	89
Dos acordos	90
Relação especificada de bens	90
Documentos necessários à instauração deste divórcio	90
Instauração do divórcio sem que se encontre previamente regulado o exercício do poder paternal	90
Exemplo de requerimento de divórcio com filhos maiores e sem bens a partilhar	94
Exemplo de acordo quanto a casa de morada de família arrendada	97
Acordo relativo à casa de morada de família (casa própria)	98
Exemplo de requerimento de divórcio com filhos menores, sem casa de morada de família ou bens a partilhar e com apoio judiciário	99
Exemplo de acordos relativos ao exercício do poder paternal	102 e 104
Exemplo de relação dos bens comuns	106
Acção de alimentos proposta por filha maior	108
4.1.2. Da taxa de justiça, das despesas com o processo e do apoio judiciário	114
Imposto de selo	114
Apoio judiciário	114
Documentos necessários à concessão de isenção do pagamento de taxas e emolumentos	115
Conclusões	115

Índice Geral

4.1.3. Do contrato-promessa de partilha subsequente ao divórcio ou à separação 118
Exemplo de promessa de partilha de bens do casal 120

5. Instrução da partilha subsequente ao divórcio e à separação de pessoas e bens .. 123
Documentos necessários 123
Imposto municipal de I.M.T. 124
Exemplo de partilha com activo – móveis e imóveis – e passivo 126
Apresentação de um caso em que se procedeu, em simultâneo, à transferência de parte dos bens do casal para os seus filhos e à partilha 130

6. Partilha por morte 140
6.1. Algumas considerações preliminares 140
6.2. Do morgadio 140
6.3. Aplicação da lei no tempo, desde o Código Civil de 1867 até à actualidade.... 143
6.4. Classes de sucessíveis e sua determinação face à lei aplicável 146
6.5. Enunciado de um caso prático que atravessa as varias legislações e sua resolução 147
6.6. Títulos de vocação sucessória e determinação dos quinhões hereditários 152
Da sucessão legítima 152
Direitos de natureza não patrimonial transmissíveis por morte 153
Direitos intransmissíveis por morte 154
Da sucessão legitimária e da deserdação 154
Da sucessão voluntária 156
Disposição *mortis causa* na convenção antenupcial 156
Exemplo de convenção antenupcial com pacto sucessório 158
Do testamento – público e cerrado 160
Da instituição de herdeiro e de legatário 162
Deixa de usufruto 162
Tipos de deixas testamentárias 162
O legado por conta da quota disponível ou por conta da legítima 165
Reconhecimento de paternidade no testamento 165
Exemplo de testamento com instituição de herdeiro universal e encargos a favor da alma 166
Exemplo de testamento com revogação do anterior 167
Exemplo de testamento com legado de usufruto com dispensa de caução 168
Exemplo de testamento com legado de recheio e instituição de herdeiros do remanescente 169
Exemplo de testamento com legados, instituição de herdeiro do remanescente (pessoa cpolectiva) e nomeação de testamenteiro, com verificação de identidade por abonação de testemunhas 171

7. Cessão de quinhão hereditário 173
Instrução da escritura 173
Cessão a favor de co-herdeiro ou de estranho 174

224 *Divórcio, Herança e Partilha*

Direito de preferência 174
Exemplo de compra e venda de quinhão hereditário 176

8. Do repúdio de herança ou de legado 178
Exemplo de repúdio de herança 180

9. Da aceitação da herança 181

10. Instrução da escritura de partilha por morte 182
10.1. Habilitação de herdeiros 182
Quem outorga 182
Finalidade da habilitação 183
Uma situação prática 184
10.2. Documentos para instruir a escritura 186
10.3. Habilitação segundo a lei estrangeira 186
Exemplo de habilitação herdeiros com filho pré-falecido com declarações feitas
pelo cabeça de casal – lei actual 188
Exemplo de habilitação de herdeiros com declarações feitas pelo cabeça de casal
– herança aberta antes da entrada em vigor do Dec.-Lei n.º 496/77 190
Exemplo de habilitação de herdeiro – morte sucessiva de marido e mulher – declarações prestadas pelo cabeça de casal 192
Exemplo de habilitação de herdeiros com testamento – declarações prestadas
pelo cabeça de casal 194
Exemplo de habilitação de herdeiros com declarações prestadas por três decla-
rantes 196

11. Da morte presumida 198
Efeitos da declaração de morte presumida 198
Prazos para intentar a acção 198
Efeitos da declaração quanto ao casamento 198
Exemplo de habilitação de herdeiros baseada na morte presumida 199

12. Da habilitação de legatários 201
Casos em que se torna necessário celebrar a competente escritura 201
Exemplo de habilitação de legatários 202

13. Da escritura de partilha 204
13.1. Considerações 204
13.2. Documentos necessários à instrução de uma escritura de partilha 204
Exemplo de escritura de partilha por morte de marido e mulher 206
Exemplo de escritura de partilha por morte sucessiva do pai, de um filho do
casal e da mãe 210
Exemplo de uma escritura de partilha por morte com herança aberta antes da
actual redacção do Código Civil 216